Sanación Familiar

UNA GUÍA PARA ORAR EFECTIVAMENTE Y PEDIR
SANACIÓN Y LIBERACIÓN PARA SU FAMILIA

José Juan Valdez, M.A.

PAULUS MEDIA – Houston, TX. 2021
www.paulus.media

Diseño interior y de portada por Cris Velázquez

ISBN: 9798476602996

Impreso en los Estados Unidos por Amazon

Dedicatoria y Agradecimiento

A **Dios** porque no deja de bendecirme y de buscarme una y otra vez; porque me ha permitido experimentar su amor a través de mi familia y amigos, dos de los regalos más grandes que me ha concedido y porque guía mi vida por su sendero y me permite compartirla con ustedes por este medio milenario de los libros y por los otros medios disponibles ahora.

A mi abuelo paterno **Gabino Valdez** (QEPD) y en especial a mi abuelita **Ma. Salud Trujillo** (QEPD) que tanto rezaba por todos nosotros. A mis abuelos maternos **Ciro Landín** y **Loreto Rangel** (QEPD) que también son parte de mi historia, a todos mis ancestros que vinieron antes que ellos y que hoy confío a la misericordia de Dios, a la intercesión de nuestra madre María y la de los santos arcángeles San Miguel y San Rafael por libertad, sanidad y vida de Dios en todo mi sistema familiar.

A mi padre Eliazar (QEPD y que ahora lee esto desde el cielo) **y a mi madre Teresa**, por su amor, su entrega, su sencillez, porque me han enseñado muchas cosas buenas que atesoro en lo más profundo de mi corazón. Por todo su amor y el apoyo que le han dado a mi familia, y al ministerio que Dios por misericordia nos ha llamado a realizar en favor de otras familias.

A mi esposa Alba Iris, a mis hijos Natalia, Diego y Emilio por todo su cariño, su apoyo y por ser el reflejo del amor tierno de Dios en mi vida; por su comprensión para la realización de este libro y todo el trabajo que es necesario para desarrollarlo, editarlo y presentarlo para que las bendiciones que nosotros mismos hemos recibido, pudieran llegar a más familias; porque son todo para mí, mi vocación, mi don, inspiración y razón de todo lo que hago.

Un profundo agradecimiento a **Ramiro Novoa, a Flor Gordillo, a Víctor López y a mi esposa Alba Iris Valdez** por su valiosa colaboración en la tarea minuciosa de revisión y edición de este libro.

Un agradecimiento especial al **P. Chilo Becerra** por su colaboración con el **PREFACIO** y sus atinados puntos acerca del tema central que trata esta obra. Además, este agradecimiento también lo extiendo **al matrimonio de Juan José Trujillo y Mariela Serna** por su amistad, testimonio y por su colaboración con el **PROLOGO**, Dios continúe bendiciendo sus vidas y las de los suyos hoy y siempre.

A mis hermanos(as) y colaboradores en la viña del Señor, a la gente de la Comunidad San Pablo, al Ministerio Serán los Dos UNO (Las Vegas) y a Ministerio Nazareth con los que ya llevamos algunos años trabajando en este servicio en favor de los matrimonios y las familias. Gracias por su amistad, su apoyo y su invaluable colaboración en esta misión que nos ha sido encomendada, que Dios continúe bendiciéndonos hoy y siempre.

Y finalmente, a los que me ha precedido en este trabajo relacionado con la sanación familiar, tan necesaria y urgente en nuestros días. Doy gracias a Dios por la vida, la valentía y el tesón al abrir brecha que no siempre es fácil y apreciado: Al **Dr. Kenneth McCall**, al **P. John Hampsch, C.M.F.**, al **P. Robert De Grandis**, al **P. Martin H. Padovani**, al **P. Yosefu Ssemakula**, al **P. Ghislain Roy**, al **P. Don Javier Luzón**, a **Francis MacNutt**, a la **Hermana B. McKenna**, a **Fray Nelson Medina** entre muchos otros. A todos y cada uno, GRACIAS.

Índice

Prefacio

La sanación intergeneracional, es un tema que en los últimos días se ha abordado y que concretamente es esta obra, José Juan Valdez pone a tu consideración de una extensa y bien fundamentada.

Podríamos decir al respecto del tema que hoy por hoy nos ocupa, que entre los que la han abordado, existen dos posturas totalmente opuestas:

a. La primera postura afirma que todo lo que se refiere a la sanación INTERGENERACIONAL, hay que no considerarlo, afirmando que es contrario a la Biblia y a la Teología Católica; pues lo único que nos perjudica y somos responsables de ello, es el pecado personal. Por lo tanto, la idea de que se heredan pecados y/o maldiciones, contradice la justicia y la misericordia de Dios. Esta postura es la de personas más "tradicionales" dentro de la Iglesia.

b. La segunda postura es la que habla sobre el hecho de la repetición de ciertos pecados, tendencias y culpas en familias enteras; por ejemplo, esclavitudes al alcoholismo, drogadicción, libertinaje sexual, abusos, incestos, suicidios, asesinatos, infidelidad, homosexualidad etc.; situaciones se repiten de generación en generación. Para las personas que se inclinan por esta postura "si hay "cadenas o ataduras intergeneracionales" y por tal motivo la Iglesia no puede ser indiferente a este tipo de necesidades. Por ello tiene que recurrir al poder de la oración, a la acción de espíritu Santo, al poder de Jesús para romperlas.

Según la enseñanza de la Iglesia en el PECADO existen dos dimensiones: "LA CULPA" y "LA PENA". Podríamos decir de manera sencilla que la culpa es el daño o desfiguración que nosotros causamos al propio ser en nuestra alma, porque al elegir el mal es como si voluntariamente abrazamos algo podrido, apestoso y venenoso; no es posible optar por el PECADO sin quedar impregnados de su mal olor, sin mancharnos de alguna manera. Esa es la CULPA, ese aroma espantoso que llevamos dentro.

La PENA en cambio, son las consecuencias que nos trae a corto, mediano o largo plazo el haber obrado mal. Esto lo puedo entender y explicar desde mi experiencia personal:

> *Mi padre empezó desde muy temprana edad a beber alcohol, siendo un adolescente; En su juventud contrajo matrimonio con mi madre, siendo el alcoholismo un problema ya fuerte en él. Y esto afectó la relación familiar y matrimonial por espacio*

de 10 años, siendo un padre y esposo ausente, que difícilmente cumplía con sus deberes morales con su familia. En mi persona este problema de mi padre causó la timidez e inseguridad personal por lo menos en las 2 primeras etapas de mi vida. Y en la salud de mi padre hubo fuertes consecuencias, una de ellas el hígado deshecho, lo que produjo que cayera y se deprimiera por su problema físico. Este evento lo hizo recapacitar y cambiar actitud por espacio de cinco años, pero el daño desgraciadamente ya estaba hecho, finalmente muere y deja sola a una esposa de 35 años con la tarea de sacar adelante a 4 hijos que poca oportunidad tuvieron de disfrutar de su padre, especialmente la menor de ellos de escasos 2 años que ni siquiera lo recuerda.

Por lo que podemos ver, un vicio deja consecuencias físicas. Pero las "penas" que trae el pecado no se limitan como lo presentará el autor de este libro a las cosas físicas. De acuerdo con la doctrina católica y cómo será presentado en este libro, el ser humano es cuerpo y espíritu, y la naturaleza del pecado afecta a la persona en todo su ser. Por ello los efectos del pecado de una persona repercuten inevitablemente en otras personas, empezando por su propia familia.

Entendiendo lo anterior podemos tener más claro que lo que se hereda entonces no es la culpa, sino la PENA, y esta vale ante todo para el "pecado original," nosotros nacemos afectados por consecuencias que vienen de la naturaleza heredada por el pecado, la naturaleza que hemos heredado de nuestros antecesores.

Por eso las oraciones de sanación INTERGENERACIONAL tienen lógica; el pecado trae consecuencias y esas pueden ser de largo alcance. Cuando la Palabra de Dios nos invita a orar por los pecados de nuestros antecesores, nos está invitando a tomar conciencia del efecto destructivo que tienen y por su raíz en un pasado que nos ha antecedido. La oración de sanación intergeneracional es una práctica sana, entendida en su contexto, ósea, no como mera acusación, sino como una petición al Dios del Amor y Misericordia que nos libra de nuestras propias miserias y de las que otros cometieron, que nos pueden seguir afectando de alguna manera.

La culpa no se hereda, pero sí se puede heredar lo que corresponde a la pena, por lo tanto, podemos decir que no hay transmisiones del pecado de una generación a otra, pero si hay consecuencias del pecado que se pueden transmitir por condicionamientos genéticos, otras veces por el ambiente en el que se nace y crece, y finalmente por insidia del enemigo, cuando este quiere reclamar lo que cree que es suyo: lugares, ideas, tendencias, personas, familias, corrientes y culturas.

Les recomiendo leer con detenimiento este libro que José Juan Valdez pone en sus manos y sé que les servirá de mucho en su proceso de sanación y en el de sus familias.

P. CHILO BECERRA

Introducción

«*Todos los males que nos agobian en la tierra vienen precisamente de que no oramos o lo hacemos mal*».

San Juan María Vianney, Cura de Ars.

1. Mi granito de arena

Con mucha alegría y lleno de confianza pongo en sus manos este libro que contiene los conceptos fundamentales que presentamos en el *Seminario*[1] *Daniel – Orando por la Sanación de mi Familia* y que espero sea de gran bendición para ustedes; primero para encontrar un camino de sanación y liberación para sus familias que les lleve a vivir de una manera más plena y feliz, y segundo para que junto con nosotros puedan eventualmente poner su granito de arena en esta tarea de llevar la luz y la sanación a otras familias que también lo necesitan.

La finalidad del Seminario, y por lo tanto de este libro que ahora tiene en sus manos, es prepararles para que con mucha claridad oren por la sanación y la liberación de su familia. Y aunque el mensaje va dirigido a una persona concreta, en realidad, ésta representa a TODA su familia, se convierte en instrumento o vehículo de sanación de todo su 'sistema familiar' y eso desencadena un proceso progresivo, que poco a poco produce sanación y liberación en diferentes miembros de nuestro árbol genealógico. Puesto que, todos están 'representados', todos de alguna manera se sanan o empiezan a experimentar progresivamente cambios positivos, frutos de conversión y vida cristiana.

Este libro tiene un enfoque de evangelización y de formación, se trata de abrirle los ojos a quien lo lee, no tanto a la sanación en sí, pues, esta es más una consecuencia del encuentro con Jesús, Palabra de Dios. Durante el seminario y en este libro se les enseña a entender y aceptar la gracia (la vida de Dios) de manera que luego puedan ellos mismos llevarla a los demás (familia, amigos, etc.). Se les equipa para ser vehículos/instrumentos de sanación para aquellos a su alrededor.

No hay duda de que las familias en nuestros días viven momentos difíciles y desafiantes como se nos señaló en su momento en la Exhortación Apostólica *Familiaris Consortio* de San Juan Pablo II y más recientemente en *Amoris Laetitia* del Papa Francisco. Ante un cúmulo de circunstancias que afectan negativamente a

---

1. Seminario es un estudio profundo y extensivo sobre un tema concreto o de determinadas cuestiones o asuntos; en nuestro caso tiene que ver con prepararnos o habilitarnos para orar por sanación familiar intergeneracional.

las familias, como la pérdida de valores, incluyendo la fe como uno de los más importantes, las familias se han alejado de la riqueza de la gracia y la verdad que nos había sido dispensada y compartida por nuestra madre la Iglesia por casi veinte siglos, y al apartarnos, las consecuencias se han dejado venir como una avalancha que va arrasando con todo a su paso.

Es por lo que, en este trabajo que realizamos en favor de las familias, queremos cooperar en la tarea de recuperar los valores fundamentales sobre los que se cimentan las familias sanas y santas. Queremos volver a las verdades de la fe, un retorno a leer la Palabra de Dios, fuente de sabiduría y luz para el sendero, retomar la vida de la gracia, los valores cristianos y humanos que nos sostuvieron en el pasado y redescubrir de una manera fresca su relevancia, pero sobre todo su ayuda para poder disfrutar y vivir la Vida de Dios.

2. A + Entendimiento + Claridad = +Sanación[2]

Como hemos mencionado, la finalidad es orar por todo el sistema familiar, por lo que es importante que tengamos el mayor entendimiento posible acerca de lo que vamos a orar, la información necesaria con la que debemos contar, las palabras que usaremos y su razón de ser. Así que, cada uno de los siguientes capítulos nos llevarán eso, a orar atinada e intencionalmente por nosotros y nuestras familias. Vamos a hacer una representación física, relacional y espiritual de nuestra familia ante Dios, fuente de la vida y de la gracia; y ante el maligno, fuente del mal y de la muerte.

Una de las cosas que nos puede estar sucediendo en nuestra oración es que, aunque rezamos mucho, lo hagamos mal, mejor dicho, no atinemos; por no tener claras las raíces o causas profundas de nuestros problemas, sufrimientos o enfermedades. Mientras más entendamos – más sanación experimentaremos y mientras menos entendamos, menos resultados veremos, la clave pues, está en tener la mayor claridad posible para orar ATINADAMENTE.

Con la situación de la pandemia que provocó el Covid 19. Pasamos de "es mentira/la negación" a "el calor la va a extinguir" y luego a "el cloro o el desinfectante antibacterial lo van a destruir" y por supuesto a un montón de recetas caseras como: "Hacer gárgaras de esto, o lo otro," "Un té con cebolla morada, ajo, clavos, eucalipto, jengibre..." etc. Conforme se ha ido descifrando lo relacionado al Covid 19, se inició un camino más cierto para para poder prevenirlo o curarlo. Algo parecido sucede cuando alguien es diagnosticado con cáncer, el diagnóstico por sí solo ya es un gran avance, pero no es suficiente; si se quiere y se puede tener éxito en el tratamiento de éste es necesario saber dónde está, qué tipo y en

---

2. A mayor entendimiento, mayor claridad; y a mayor claridad nuestra oración será más efectiva y por lo tanto habrá más sanación.

qué etapa se encuentra, etc. Y luego se necesita hacer un sin número de estudios del estado de salud general de la persona que lo tiene para poder buscar y encontrar el tratamiento adecuado que le ataque sin que los efectos secundarios sean contraproducentes y poder controlarlo en el proceso para que no se haga metástasis mientras se le ataca.

Una de las recomendaciones que encontrará en este libro es que cuando oramos para pedir sanación lo hacemos sin tocar o imponer manos, puesto que, en este modelo, no es que alguien nos "ministra la sanación", sino que cada uno se hace responsable de su propia vida e historia y por los méritos de su bautismo y los demás sacramentos y sus gracias recibidas, con la autoridad de sabernos hijos de Dios, pedimos la sanación y la liberación para nosotros y para los nuestros.

Según el *Catecismo de la Iglesia Católica* en el #1263:

> Por el Bautismo, todos los pecados son perdonados, el pecado original y todos los pecados personales, así como todas las penas del pecado (Cfr. DS 1316). En efecto, en los que han sido regenerados no permanece nada que les impida entrar en el Reino de Dios, ni el pecado de Adán, ni el pecado personal, ni las consecuencias del pecado, la más grave de las cuales es la separación de Dios.

Es decir, que por el vínculo con nuestros primeros padres, Adán y Eva hemos heredado como humanidad un pecado que requiere de las gracias del bautismo para ser borrado. El vínculo de la familia sanguínea es más fuerte y cercano que aquel que tenemos con toda la humanidad, luego entonces, es posible que podamos de alguna manera estar compartiendo las consecuencias de las acciones, culpas o pecados de nuestra familia ancestral. Por lo que, como el profeta Daniel asumimos en oración y súplica delante de Dios aquellas "consecuencias temporales del pecado" provocadas con nuestros antepasados y que encontramos en el #1264 del CIC[3]:

> No obstante, en el bautizado permanecen ciertas **consecuencias temporales del pecado**, como los sufrimientos, la enfermedad, la muerte o las fragilidades inherentes a la vida como las debilidades de carácter, etc., así como una inclinación al pecado que la Tradición llama concupiscencia, o metafóricamente FOMES PECCATI. «La concupiscencia, dejada para el combate, no puede dañar a los que no la consienten y la resisten con coraje por la gracia de Jesucristo. Antes bien el que legítimamente luchare, será coronado" (2 Tm 2,5)» (Concilio de Trento: DS 1515).

---

3. CIC = Catecismo de la Iglesia Católica

En el terreno de la sanación o mejor dicho, en el la oración por sanación, damos por entendido que cuando una persona tiene un problema o enfermedad y lo atiende, hace algo al respecto o busca la ayuda de Dios; creemos que, si Dios en su misericordia lo concede, ésta persona se sana; por lo que, si en el sistema familiar tenemos un problema, situación o enfermedad y lo atendemos, hacemos algo al respecto o buscamos la ayuda de Dios para resolverlo, puede ser que Dios en su misericordia sane a la familia o incluso a todo un pueblo o nación por la que se ore.

Este libro le irá llevando paso a paso para al final orar en batalla espiritual por nosotros y por nuestras familias.

En los capítulos I-IV encontrará cuestiones sobre por qué hemos escogido a Daniel como nuestra inspiración y nuestro guía. Además de aquellas cuestiones generales a tratar como el tema de la sanación, la batalla espiritual y de manera concreta lo relacionado a la sanación familiar intergeneracional.

En los capítulos V-X hablaremos con calma sobre tres temas que son las columnas de este Seminario – Libro. Me refiero a la esencia de Dios, del Ser Humano y el Sistema Familiar, y de Satanás, sus estrategias y cómo entra en nuestras vidas, que nos llevarán a entender muchas cosas que irán desafiando e iluminando nuestro entendimiento.

En el capítulo XI y a pesar de que durante todos los capítulos encontrará textos bíblicos, citas de diferentes documentos y expertos en la materia, lo hemos dedicado para, de una manera organizada, presentarles algunos fundamentos bíblicos y teológicos sobre los que se sostiene todo lo que les presentamos en este libro.

En el capítulo XII, y como nuestro culmen hacia lo que tendemos, hablaremos de cómo es en Jesús que encontramos la fuerza, la salvación, la ayuda y la vida que tanto buscamos para nosotros y para los nuestros.

En el último capítulo, XIII hablaremos de qué hacer después de haber leído este libro y haber rezado nuestra Paraliturgia y las demás oraciones, de la necesidad de perseverar y seguir creciendo en nuestra vida de fe.

Al final del libro hemos agregado varios anexos con algunas herramientas, tales como: El Cuestionario, Las Oraciones, etc.

Concluyendo, no se trata de buscar quién "rompió los platos" o quiénes son los culpables entre mis antepasados de tal o cual cosa; tampoco de señalar con el dedo, mucho menos que esto me lleve a deslindarme de la responsabilidad moral de mis propios actos; pues, al buscar culpables, puede ser que nos equivoquemos, porque en realidad no sabremos a ciencia cierta donde se pudo haber comenzado u originado tal o cual mal. Además, siempre está en juego el libre albedrío, nuestro aceptar y repetir de una manera más o menos consciente ciertos patrones. Lo cierto es que, de lo que ocurrió en mi familia bueno y positivo o malo y negativo; yo recibo directa o indirectamente las consecuencias; como también, lo que me ocurre o aquello que yo realizo siempre de manera directa o indirecta les afectará a mis hijos y así sucesivamente.

Según la experiencia de los que han trabajado en este modelo de orar perseverantemente por la familia, acompañado a un proceso real de conversión y vida cristiana, la sanación se va dando de manera gradual y progresiva en los diferentes miembros que la componen.

Así que, sin más preámbulos, entremos en materia con la esperanza firme y la fe expectante de que Dios nos irá mostrando las situaciones, ataduras y patrones por los que tenemos que orar confiando en su amor, y su misericordia.

Prólogo

Nos gustaría iniciar recordando la historia de Rajab; aquella mujer prostituta que encontramos en el capítulo 2 del libro de Josué, quien estando a punto de entrar a Jericó y conquistar esa tierra: *Mandó a dos espías a explorar la región y la ciudad* (Cfr. Josué 2,1). Para "conquistar nuestra tierra" es fundamental saber contra quién estamos luchando; darnos cuenta quién es y dónde se esconde nuestro enemigo. Descubrir, ¿por qué mi mal carácter? ¿por qué mi desánimo? ¿Por qué lastimo a los que más quiero? ¿Por qué aún no he podido reconciliarme con mi familia? Etc.

Continúa el texto diciendo: *"Ellos fueron y llegaron a la casa de una prostituta de Jericó que se llamaba Rajab, en donde se quedaron a pasar la noche"* (Cfr. 2,1). Al recibirlos en su casa, Rajab les dijo:

> *Yo sé que el Señor les ha dado esta tierra a ustedes... Sabemos que Dios secó el Mar Rojo para que ustedes pasaran... En tanto el miedo que nos ha dado al saberlo, que NADIE SE ATREVE A ENFRENTARSE con ustedes. Porque el Señor, el Dios de ustedes, es Dios allá arriba en el cielo, y aquí abajo en la tierra. (Cfr. Josué 2,9-11)*

Rajab reconoce que no hay nadie como el Dios de Israel, que Él es el Todopoderoso. A pesar de su miseria y sus flaquezas, podemos ver en el testimonio de su vida, que Dios nunca nos abandona a nuestra suerte. Si lo reconocemos, tal como lo hizo ella al decir: *No hay nadie como Dios, Él es el Todopoderoso,* y si aceptamos que Él reconstruya nuestras vidas y la de nuestras familias, por muy grandes que sean nuestras heridas, Él es capaz de restaurar y hacer todo nuevo.

Sintiéndose en deuda con Rajab estos hombres espías, le preguntan: ***¿qué quieres que hagamos por ti.*** Y ella simplemente les contestó: ***Que se salve mi familia*** (Cfr. Josué 2,13). Rajab pudo haber pedido muchas cosas a cambio del favor que les había hecho a los espías, dinero, reconocimiento cuando conquistaran Jericó, etc., pero **ella pidió lo más importante.** Dice la palabra de Dios en Hechos 16, 31: *Cree en el Señor Jesucristo, y serás salvo, tú y tu casa,* porque si bien es cierto la salvación es una decisión personal no es menos cierto que si oramos por cada uno de nuestros familiares Dios tendrá misericordia de ellos y los protegerá. Rajab no solamente creyó, sino que también actuó y esto termino siendo de bendición para ella y para: *su padre, su madre, sus hermanos y hermanas, todas sus pertenencias y ser librados de la muerte.*

En esta obra SANACION FAMILIAR el autor nos presenta una herramienta importante y necesaria para buscar la gracia de Dios y lograr la sanación propia y la de nuestra familia. Acertadamente el autor utiliza personajes bíblicos como ejemplos para pedir y buscar el bien de los nuestros, tal es el caso de Daniel.

Esta obra que tiene en sus manos de nuestro hermano y amigo José Juan Valdez, la ha enriquecido con fundamentos bíblicos y doctrinales, además de la aportación de algunos grandes sacerdotes predicadores como Fray Nelson Medina y exorcistas como el Padre Gabriel Amorth entre otros.

Pedimos al Señor que bendiga esta lectura y que a través de ella podamos dejarnos tocar por el amor que sana. En Jesús y María:

JUANJO Y MARIELA TRUJILLO

I. Daniel

Tratando de encontrar un paralelo bíblico a los objetivos que perseguimos o queremos alcanzar en este libro y en el Seminario, encontramos varias figuras bíblicas importantes que intercedían por el pueblo ante Dios y de entre éstos, nos hemos inclinado por Daniel, el profeta sabio y apocalíptico porque es quien, en su oración, se echa a los hombros a TODOS sus ancestros y entra en la presencia de Dios para pedir perdón y restauración para todos y cada uno. Encontramos en Daniel lo que queríamos comunicar y la inspiración para el proceso de oración en el que queremos entrar en favor de nuestra familia.

1. Un profeta llamado Daniel

El libro de Daniel es fenomenal, les invitamos a leerlo, disfrutarlo y entenderlo poco a poco. En este capítulo nos introduciremos un poco a este. Daniel es uno de los que llamamos proféticos y en él encontramos un par de subgéneros literarios muy concretos, a saber: el Hagádico[4] que lo encontramos en los capítulos 1-6 y 13-14; y el Apocalíptico[5] que lo encontramos en los capítulos del 7-12.

El autor vivió probablemente durante la persecución contra los judíos desatada por el Rey Antíoco IV Epífanes (175-164 a.C.), contemporáneo a los libros y la historia que se nos narra en 1-2 de Macabeos. Es tiempo de conflicto entre la religión judía y el paganismo griego – tiempos de la Helenización[6] - por lo que, la finalidad de estos escritos es sostener en la fe a quienes están siendo perseguidos, invitándoles a ser valientes y a confiar en Dios, quien recompensará a sus fieles durante la tribulación y aun después de la muerte con la Resurrección.

2. La historia del libro

Esta historia o el contexto se sitúa en el siglo V-IV a.C. durante el destierro de

---

4. **El género hagádico** – utiliza narraciones didácticas, como homilías que contenían una enseñanza moral-práctica.

5. **El género apocalíptico** – fue muy popular por un espacio de 400 años (del Siglo II a.C. al II d.C.) sus narraciones se situaban en el pasado para dar la impresión de que ocurrían en el futuro (de ahí la necesidad de darle una interpretación preterista – como algo que ya pasó).

6. **Helenizar** debía significar, políticamente, dos cosas; sobre todo, **era imponer un cierto tipo de cultura y de vida;** pero en su sentido más elemental y urgente, significaba uniformar, superponer, por encima del variado repertorio de culturas sometidas, una, a la que se le confería una dignidad oficial.

Babilonia, pero atraviesa las dominaciones de los reyes de Babilonia, los Medos, los Persas y los Griegos. El libro sobre todo en la sección apocalíptica (capítulos del 7-12) está lleno de símbolos y códigos que los destinatarios, lectores judíos, podían entender y no así sus perseguidores.

3. Los cuatro jóvenes en la corte de Nabucodonosor

En el primer capítulo encontramos al joven Daniel y sus otros tres compañeros desterrados en la corte de Nabucodonosor, rey de Babilonia. La cuestión en turno tiene que ver con la comida que les es ofrecida de la misma mesa del Rey Nabucodonosor, y que ellos prefieren el ayuno como preparación para recibir una sabiduría y discernimiento particular. Al final, terminan siendo *diez veces más* (sentido apocalíptico) superiores a todos los magos y adivinos del Rey. A éstos cuatro jóvenes judíos les serán dados otros nombres, babilónicos:

>   a. **Daniel** = *Dios en mi juez* → **Beltsasar**
>
>   b. **Ananías** = *Yahveh es Clemente-Provee* → **Sadrac**
>
>   c. **Misael** = *El que pertenece a Dios* → **Mesac**
>
>   d. **Azarías** = *Dios nos ha ayudado* → **Abed Negó**

4. Los sueños de Nabucodonosor y los jóvenes arrojados al horno

Del capítulo segundo al cuarto Daniel interpreta los sueños de Nabucodonosor. Primero el de la gran estatua hecha de cinco materiales que representan los reinos que serán destruidos, luego vendrá uno de Dios que se mantendrá firme. Los magos del Rey no pueden interpretarlo; Daniel lo interpreta y el significado es el siguiente:

>   a. **La cabeza de oro fino** representa a Nabucodonosor y a los Caldeos,
>
>   b. **El pecho y los brazos de plata** representan al reino de los Medos,
>
>   c. **El vientre y la cadera de bronce** representa a los Persas,
>
>   d. **Las piernas de hierro** símbolo de la dureza representa a los Griegos,
>
>   e. **Los pies de hierro y arcilla** a manera de profecía hay quien interpreta que representaría el imperio Romano.

Otro pasaje que encontramos en estos capítulos es cuando los jóvenes son arrojados al horno de fuego. Una vez más, el mensaje detrás es la fidelidad y lealtad a Dios antes que, a los deseos o caprichos del Rey en turno, cabe resaltar la oración que hace Azarías en el capítulo tres versículos 24 y siguientes, parecida a la que hará Daniel en el capítulo nueve. Utiliza una y otra vez 'NOSOTROS' cuando ora en arrepentimiento y pidiendo perdón delante de Dios. El capítulo termina con un himno de alabanza y exaltación porque Dios en su fidelidad los ha librado de la muerte. Tanto Azarías, como Daniel asumen delante de Dios, tanto las culpas propias, como las de los demás. Lo que a menudo llamamos 'vergüenza ajena' y que la experimentamos cuando pedimos perdón por algún daño que alguien más hizo, haciéndolo propio. Es algo parecido a lo que hacemos en las llamadas oraciones de reparación y desagravio. Pedimos perdón a Dios por los pecados, faltas o hasta sacrilegios cometidos por otros.

En la última parte del capítulo cuatro encontramos otro sueño de Nabucodonosor. El del árbol gigantesco, el cual le interpretará Daniel y le hablará del episodio de locura que experimentará el Rey y que luego vendrá la sanidad.

5. El banquete de Baltazar y la escritura en la pared

En el capítulo cinco encontramos el Banquete de Baltazar (hijo de Nabucodonosor), quien ofrece un banquete para mil de sus dignatarios. Ya medio borracho (estimulado por el vino) manda traer los vasos sagrados incautados del templo de Jerusalén, incurre en lo que conocemos ahora como sacrilegio, usar las cosas destinadas para Dios para lo vano o lo profano. En medio de aquel suceso, aparece una mano que escribe sobre la pared, delante de ellos y ante su asombro las siguientes tres palabras que una vez más es el profeta Daniel quien las termina interpretando:

> a. **Mené** = Dios ha **CONTADO** los días de tu reinado,

> b. **Tekel** = Has sido **PESADO** y "no diste el Kilo",

> c. **Parsín** = tu reino ha sido **DIVIDIDO** y entregado a los Medos y a los Persas.

Esa misma noche, tal como lo interpretó Daniel, mataron a Baltazar y Darío el Medo lo sucedió en el trono.

6. Daniel es arrojado a los leones

En el capítulo seis encontramos a Darío el Medo. Una vez más, es importante que entendamos que el contexto de estos relatos es la persecución que se vive bajo el dominio de los griegos, así que, el mensaje central es "obedecer a Dios antes que a los hombres". Daniel es arrojado a los leones, este pasaje quiere darnos un mensaje de esperanza, a saber: que Dios siempre nos salvará. El relato se desarrolla de la siguiente manera: Los enemigos de Daniel se confabulan y convencen al rey para que emita una ley que ni él mismo pudiese revocar; la ley prohibía hacer oración o, mejor dicho, solo se permitía aquella relacionada o dirigida al rey mismo. Estos enemigos de Daniel adularon al rey para que emitiera una ley de 30 días. Daniel fiel a Yahveh Dios y a su costumbre, ora en el segundo piso tres veces al día, sus enemigos lo espían, lo encuentran y lo entregan al rey; a quien desafían y no le queda más que hacer cumplir la condena de encerrar a Daniel en el foso de los leones, sin embargo, éstos no le harán daño alguno. Lo que termina provocando que el rey tenga temor por el Dios de Daniel.

7. La Oración de Daniel 9, 4b-19, por TODO el pueblo

En los siguientes capítulos del 7-12 dejaremos el género Hagádico y pasaremos al Apocalíptico, encontramos varias visiones y sus interpretaciones, injertada en estas, está la famosa oración de Daniel en el capítulo 9, versos 4b – 19. El contexto de la oración es la reflexión de Daniel sobre la profecía de Jeremías sobre los 70 años (algunos apuntan a setenta veces siete, es decir 490 años que se cumplirían con la caída de Antíoco IV Epífanes), del Destierro de Babilonia que al parecer según varios exégetas se habría cumplido "parcialmente" con el primer retorno de los exiliados pero que al parecer el autor del libro de Daniel no había quedado satisfecho de alguna manera, pues la restauración de Israel parecía aun incompleta. Por tal razón, el profeta se vuelve a Dios y dirige una oración con profunda convicción, acompañada de muestras concretas de arrepentimiento, sacrificios y de ayuno que a menudos son propias de las oraciones de batalla espiritual. La oración no es una plegaria individual, sino más bien una confesión en labios del profeta, pero en nombre de TODO el pueblo. Es una oración de reconocimiento público de la culpa y una súplica para la restauración de Israel. Es importante poner atención que el autor del libro o de esta oración puesta en los labios del profeta era considerado como un hombre JUSTO, aun así, se dispone y entra en la presencia de Dios en nombre de TODO el pueblo. En los 15 versículos que componen la oración utiliza el pronombre NOSOTROS 10 veces o más y confiesa haciendo propias las acciones del pueblo utilizando el pronombre posesivo NUESTRO o NUESTRAS. Es una oración de arrepentimiento, en la que el profeta pide perdón y misericordia por sus pecados, pero también, lo hace en nombre de todo el PUEBLO. Declara que todas las calamidades habían caído sobre 'nosotros', porque, 'HEMOS' pecado.

De esta misma manera, entramos a la lectura de este libro del seminario para prepararnos como el profeta Daniel para orar echando sobre nuestros hombros los pecados personales, sus consecuencias y los de todos los nuestros; asumimos toda nuestra historia familiar y representamos como hijos al menos nuestras dos líneas de sangre, en mi caso a los **Valdez** y los **Landín** para orar mí y por los míos y así pedir misericordia, de manera que conforme a ésta, pueda recibir bendición, sanación y liberación para mí y para TODA mi familia. En el Servicio de Oración o Paraliturgia que encontramos al final del libro y que le recomendamos hacer al final de la lectura de este libro, reconoceremos delante de Dios que NOSOTROS HEMOS PECADO y ante satanás que NOSOTROS LE INVITAMOS, por lo que, también ahora, NOSOTROS LE SACAMOS como parte del NOSOTROS, afirmaremos: YO TE SACO... claro, esto lo haremos en el Nombre de Jesús.

8. La historia de Susana

Para cerrar el telón, el libro del profeta Daniel retoma los relatos Hagádicos en los capítulos 13-14 con la historia de Susana que al igual que los relatos de la oración de los tres jóvenes en el horno, Bel y el Dragón y el de Daniel arrojado a la fosa de los leones, pertenecen juntos con algunos párrafos del libro de Judith a los escritos 'Deuterocanónicos' que fueron escritos en griego y agregados al original en hebreo. Susana es una buena mujer y esposa, hermosa, virtuosa y temerosa de Dios. Pero, dos 'viejos' jueces que se dejan llevar por sus pasiones y aprovechando su posición y poder querían abusar de ella; y porque ella no lo permitió, la acusan injustamente ante la comunidad. Recurriendo a Dios como su último y único recurso, él responde y envía a Daniel quien busca y defiende la verdad. Daniel toma su defensa, desenmascara y pone en evidencia a los jueces coscolinos. En el contexto entendemos que Susana es imagen de virtud y de confianza inquebrantable ante Dios y ante los hombres, ilumina la situación de injusticia que pasa Israel con la persecución de Antíoco IV Epífanes durante la tercera parte del siglo II a.C.

Daniel, por lo tanto, además de ser un libro fascinante de leer y estudiar; en el contexto de lo que queremos presentar, nos sirve de inspiración y motivación en la tarea de orar por aquellas situaciones y males que nos aquejan a cada uno de nosotros y a nuestras familias.

II. De la Salvación y la Sanación en el plan de Dios

La sanación siempre conlleva humildad, entrega y abandono - "Yo me entrego y me abandono por completo en las manos de Dios." – Además es libre y voluntaria, es decir, que por medio de este abandono y disposición "le doy permiso" a Dios, le invito a que intervenga en mi vida y en la de los míos.

El termino – salvar - del hebreo *yasa* se refiere a liberar de un peligro, sobre todo en la guerra. Del griego *sozo* es más bien curar o sanar, salvar de una enfermedad o de la muerte. En la antigüedad se daba este título *soter* = **salvador** a los dioses sanadores como Esculapio, e incluso a algunos soberanos.

En Génesis 3, 1ss encontramos el relato de la caída, el pecado de nuestros primeros padres inaugura la historia trágica del pecado y las consecuencias devastadoras de éste; entre éstas, el dolor y el trabajo hecho con esfuerzo forman parte de la experiencia humana. Por lo que la necesidad de salvación y sanación nos viene a causa del pecado que hace que todo lo creado por Dios, que es bueno, tenga que ser rescatado por el mismo Dios que no cesa de buscar nuestra felicidad y plenitud. Es Dios quien toma la iniciativa y anuncia (Proto Evangelio) que pondrá enemistad entre la serpiente y la mujer, entre sus descendencias, al final la cabeza de la serpiente será aplastada. Algunos Padres de la Iglesia han sugerido una interpretación mesiánica, la descendencia (Jesús) de la Mujer (María), le aplastará la cabeza. Según el *Nuevo Comentario Bíblico de San Jerónimo* señala que la referencia literal es al ser humano, los descendientes de Eva (madre de todos los vivientes), quien en adelante tendrá a las serpientes como enemigas.

En el libro de Sirácida o Eclesiástico 38, 9 encontramos el siguiente pasaje que nos muestra un proceso o itinerario hacia la sanación:

> *Hijo, en tu enfermedad, no te desanimes, sino ruégale al Señor que él te curará. Aparta tus faltas, corrige tus acciones, y purifica tu corazón de todo tu pecado. Ofrece incienso y un memorial de flor de harina y ofrendas generosas según tus medios. Luego recurre al médico, pue el Señor también lo ha creado; que no se aparte de tu lado, pues lo necesitas. Hay momentos en que la solución está en sus manos. También ellos rezan al Señor para que les conceda poder aliviar el dolor, curar la enfermedad y salvar tu vida.*

En su contexto tenemos un par de párrafos interesantes, antes tenemos una exhortación a vivir en la moderación y la templanza para evitar la enfermedad y prolongar la vida. Aun así, puede ser que alguien aun después de observar tal moderación se enferme, por que presenta estas líneas en las que menciona como el medico es esencial y querido y puesto por Dios. Hay personas que aludiendo una confianza plena y única en Dios rechazan el cuidado de los médicos, algunos más son escépticos respeto a los médicos y los medicamentos o procesos médicos. La sabiduría del médico también procede y es don de Dios y, por lo tanto, no la debemos rechazar. A la par de atender al médico cuando se está enfermo es importante también la oración y otras prácticas religiosas porque al final es Dios el que sana. El párrafo que le sigue a éste es sobre una sano y santo duelo, cuando éste se prolonga no le hace bien, ni al que partió, ni al que se queda sufriéndolo, hablaremos un poco más sobre este tema cuando tratemos de las relaciones malsanas o los vínculos que nos causan ataduras.

Hay un sin número de pasajes bíblicos que nos hablan de la acción sanadora de Dios en su pueblo. En el Antiguo Testamento lo hace a través de profetas como Elías y Eliseo; en los evangelios, de manera preponderante en el de San Marcos, Jesús pasará sanando a todos los enfermos que le traen, éste es de hecho uno de los signos de que el Reino de Dios ha llegado. En los Hechos de los Apóstoles encontraremos cómo éstos continúan esta misión comenzada por Jesús y cómo las 'señales' los acompañan en su predicación.

En el documento sobre las *Directrices para la Oración de Sanación* del 2007 llevado a cabo por ICRRS[7] en la sesión de las clases o tipos de sanación afirma que:

> *Aun cuando existen diferentes clases de sanación, es importante observar su interrelación, como el Dr. Philippe Madre lo hace notar de forma insistente: "Es la totalidad de una persona, en su más profunda unidad, la que siempre recibe la gracia de la curación y no sólo una parte de ella sea física, sicológica o espiritual".[8]*

Y nos presenta las diferentes formas de sanación que más suceden o se mencionan en la Renovación Carismática, a saber:

a. **SANACIÓN FÍSICA**, es decir, la curación de una enfermedad o incapacidades físicas.[9]

---

7. ICCRS = International Catholic Charismatic Renewal Services, que era el organismo mundial a cargo de la Renovación Católica Carismática a nivel mundial, hasta que el Papa Francisco creo CHARIS un organismo compuesto por todos los diferentes grupos o movimientos con línea carismática en el mundo para que trabajen en unidad en la medida de lo posible.
8. Dr. P. Madre en **Oraciones de Sanación,** página 231.
9. Hermana B. McKenna en **Oraciones de Sanación,** Páginas 226-230.

b. **SANACIÓN SICOLÓGICA**, es decir, la curación de heridas a la psique humana, incluyendo heridas o traumas emocionales.[10]

c. **SANACIÓN ESPIRITUAL**, que se enfoca, sobre todo, en "la curación del pecado" que le restituye a una persona su relación con Dios.[11]

d. **EXORCISMO Y LIBERACIÓN,** por un lado, nos presenta el exorcismo que está dirigido a la expulsión (CIC #1673). Dado que este es un ejercicio de la autoridad espiritual dada a la Iglesia, sólo aquellos que están autorizados por la Iglesia pueden ejercer un exorcismo (Cfr. Código de Derecho Canónico, c. 1172). Por otro lado, la plegaria para liberación está dirigida a Dios, pidiéndole a Dios que libere de los espíritus malignos a alguien. En la oración del Padre Nuestro al final le pedimos al Padre que nos libre del Malo. Estos últimos dos temas se tratan de una manera más amplia en el documento *Deliverance Ministry (Ministerio de la Liberación)* también editado por el Consejo Doctrinal de ICRRS.

Muchos encuentran "novedoso" el tema de la sanación y la liberación en la Iglesia, pero les es aún más sobre lo que estamos tratando, la Sanación Familiar Intergeneracional; basado en la experiencia de aquellos que en los últimos 45 años aproximadamente nos han precedido abordando el tema es importante que recordemos que la Revelación fue progresiva, pero, sobre todo, que el entendimiento de ésta, no es estático e inmutable, sino que también es un proceso progresivo que nos va llevando de una manera más profunda y clara a la verdad.

Cuando se trabajó en las *Directrices para la Oración de Sanación* además se mencionó que existen o se reconocen **otras nuevas formas de oración de sanación,** que en aquel momento requerían de más estudio, discernimiento y supervisión pastoral,[12] se referían concretamente a las siguientes tres:

e. **SANACIÓN DE LOS RECUERDOS**, se refiere o enfoca en sucesos específicos que causaron mucho daño y trauma. Concepto que el Papa San Juan Pablo II mencionó y destacó varias veces sobre todo a propósito de la celebración del Nuevo Milenio y el Año del Gran Jubileo en la Bula Papal: *Incarnationis Mysterium* y que citaremos en el capítulo

---

10. La gracia de la curación sicológica siempre canaliza la gracia de reconciliación en los tres principales niveles racionales del ser humano: una relación con Dios, una relación con otros y una relación con ellos mismos. P. Madre en *Oraciones de Sanación*, página 233.

11. El Cardenal Rainiero Cantalamessa en *Oraciones de Sanación*, página 219. En su documento, el Padre Cantalamessa también incluye la "curación interior" bajo la "curación espiritual".

12. Es preciso entender que no están prohibidas, sino que, se está siguiendo un proceso, como sucedió con las anteriores desde más o menos finales del siglo XIX.

sobre los fundamentos bíblicos y teológicos de este libro. [13] La importancia de este concepto es que extiende el ministerio de sanación más allá de las heridas individuales hasta las heridas sufridas por pueblos enteros y sociedades a través de los males del pasado.

f. **SANACIÓN INTERGENERACIONAL**, la cual se refiere a la curación de las heridas y los desórdenes transmitidos desde nuestros ancestros y que también se le ha denominado Curación del árbol Familiar-Genealógico.[14] Este tipo de oración lleva más o menos 35-40 años el P. John H. Hampsch es probablemente la persona más reconocida en el mundo católico en escribir y hablar sobre el tema en *Sanar tu árbol Genealógico (Healing your Family Three, 1986)*. Posteriormente el P. Robert DeGrandis, S.S.J. conocido predicador y escritor sobre temas relacionados con los carismas extraordinarios, junto con Linda Schubert escribieron *Sanación Intergeneracional (Intergenerational Healing, 1992)* basado en los libros del Dr. Kenneth McCall[15] *Sanando el Árbol Familiar. (Healing the Family Three, 1982)*. Con el crecimiento de las redes sociales hemos experimentado también el crecimiento de contenidos en videos que se comparten por éstas, en seguida presentaremos en un capítulo aparte algunos puntos importantes compartidos por el dominico Fray Nelson Medina O.P.

g. **SANACIÓN DE LA TIERRA**, que poco a poco ha ganado popularidad, en la que se reconoce la conexión entre los pecados humanos y los males que afligen a la tierra (sequías, contaminación, inundaciones, agotamiento de las especies, etcétera), una percepción que va de acuerdo con estudios ecológicos modernos,[16] y con la situación del calentamiento global, tema que aborda extensamente el Papa Francisco en su Encíclica *Laudato Si*.

Antes del Concilio Vaticano II como Iglesia, institucional se contaba en esta línea de "la sanación" con los Sacramentos, de manera concreta en la parte espiritual con la Confesión o Reconciliación y en el área físico-espiritual con lo que se le denominaba la **Extrema Unción** que realmente tenía más idea o enfoque en ser un pasaje o acompañamiento para el enfermo muy grabe que podía morir. El

---

13. Juan Pablo II, *Incarnationis Mysterium* (1998).
14. La manera de plegaria para curar se menciona por J. Pliya en *Oraciones de Sanación,* página 262.
15. Dr. Kenneth McCall nacido en China en 1910, se graduó en medicina en la Universidad de Edimburgo. A su regreso a China en 1937, sus experiencias le llevaron a interesarse por la curación de enfermedades siquiátricas mediante la guía divina. Ejerció como siquiatra consultor en Inglaterra durante veinticinco años y fue miembro asociado del Royal College of Psychiatrists.
16. Esta relación está particularmente vinculada con el derramamiento de sangre: ver la historia de Caín y Abel (Gen 4, 10-11; ver también Isaías 24, 1 -6; Jeremías 14, 1-7; Oseas 4, 1-3).

enfoque no era tanto para sanar al enfermo, las personas cuando temían que su ser querido estaba en el lecho de muerte, en las últimas, llamaban al sacerdote para que le diera la extrema unción.

En las Exequias que son una práctica antigua del cristianismo, de hecho, con raíces en el mismo judaísmo, al igual que en muchas religiones o prácticas ancestrales, el Dr. McCall encontró una herramienta espiritual no solo para aquellos que se "durmieron en el Señor" como lo señala el numeral 1689 del *Catecismo de la Iglesia Católica* que afirma:

> *La Iglesia... pide que su hijo sea purificado de sus pecados y de sus consecuencias y que sea admitido a la plenitud pascual de la mesa del Reino. Así celebrada la Eucaristía, la comunidad de fieles, especialmente la familia del difunto aprende a vivir en comunión con quien "se durmió en el Señor", comulgando con el Cuerpo de Cristo, de quien es miembro vivo, y orando luego por él y con él.*

El P. John Hampsch en su libro *Sanar tu árbol genealógico* nos invita a hacer un inventario de nuestros propios modos de comportamiento negativos, ya que éstos pueden "reavivarse" en nuestros hijos de alguna manera. Sugiere que vivamos hoy, con el mañana de nuestros hijos siempre en nuestro pensamiento.

El Papa Francisco en su Encíclica *Laudato Si* en el numeral 161 respecto al mundo que dejaremos a los que nos sucedan, a los niños que están creciendo, a las futuras generaciones que vendrán después de nosotros:

> *Las predicciones catastróficas ya no pueden ser miradas con desprecio e ironía. A las próximas generaciones podríamos dejarles demasiados escombros, desiertos y suciedad. El ritmo de consumo, de desperdicio y de alteración del medio ambiente ha superado las posibilidades del planeta, de tal manera que el estilo de vida actual, por ser insostenible, sólo puede terminar en catástrofes, como de hecho ya está ocurriendo periódicamente en diversas regiones. La atenuación de los efectos del actual desequilibrio depende de lo que hagamos ahora mismo, sobre todo si pensamos en la responsabilidad que nos atribuirán los que deberán soportar las peores consecuencias.*

1. Las oraciones de sanación a través de la historia

Respecto a la NOVEDAD del tema es importante que entendamos un par de cosas, una que la Revelación de Dios a los hombres sucedió de manera progresiva, poco a poco y dos que la Tradición de la Iglesia no es algo estático sino algo dinámico y que el entendimiento de la Revelación es también progresivo. En el Evangelio de San Juan 16, 12-13 leemos lo siguiente:

> *Todavía tengo muchas cosas que decirles, pero ustedes no las pueden comprender ahora. Cuando venga el Espíritu de la Verdad, él los introducirá en toda la verdad, porque no hablará por sí mismo, sino que dirá lo que ha oído y les anunciará lo que irá sucediendo.*

Respecto a este pasaje el *Nuevo Comentario Bíblico de San Jerónimo,* menciona que el Paráclito tiene o tendrá un rol muy importante en el desarrollo de la comunidad cristiana primitiva y la de todos los tiempos. Es el Espíritu Santo quien guiará a la comunidad de discípulos en el futuro, ya que el mismo Jesús no les ha comunicado todas las cosas que deberían de saber o entender. Ahora, esto no significa que el Paráclito podría realizar algo semejante a una revelación profética nueva sobre el futuro, sino que el Paráclito guía a la comunidad en su entendimiento de la persona de Jesús y el cumplimiento de todo lo que ha sido revelado y prometido en la Sagrada Escritura.

El Espíritu Santo poco a poco ha ido revelando, llevándonos al entendimiento de la Verdad a través de los siglos; la teología católica se ha ido desarrollando en un proceso progresivo, en este sentido aún no termina, sino que como lo ha hecho a través de los siglos con los grandes teólogos, sigue sucediendo ahora cada vez que con la ayuda del Paráclito nos acercamos 'un paso más' hacia el entendimiento pleno de la verdad.

Ahora, si bien es cierto, que las oraciones para pedir sanación en cualquiera de las áreas de la vida de la persona son "relativamente nuevas" en la práctica pastoral de la Iglesia de nuestros días; debemos afirmar que Dios siempre ha querido sanarnos como lo hizo con todos aquellos que se acercaban a su hijo Jesús durante su ministerio público acosados o atormentados por cualquier mal o enfermedad. Posteriormente y como se atestigua en el libro de los Hechos de los Apóstoles, estas sanaciones o milagros siguieron sucediendo en las comunidades cristianas primitivas. La práctica de orar para pedir sanación por los enfermos de alguna manera "se dejó" de hacer debido al menos, a dos factores importantes: Uno, la herejía de Montano y dos, la institucionalización de la Iglesia en el siglo IV.

Después del Concilio Vaticano II y con la presencia de movimientos que fueron surgiendo como consecuencia de éste, siendo el más grande de todos, la Renovación Católica Carismática, el tema de los carismas en general, incluyendo el de sanación, han ido cobrando relevancia. Recordemos que previo a esto, a parte del sacramento de la Confesión, la Iglesia contaba solo con otro sacramento relacionado con la sanación, el de la Unción de los Enfermos que en aquellos días llamaban "extrema unción" y que en la pastoral tenía que ver más con pedir ciertas gracias para la persona que al parecer estaba cerca de morir. Después del Concilio Vaticano II y con el tiempo fue tomando más claridad lo que se refería a la "unción de los enfermos" y aunque permanecía la idea de que podía servir como sacramento final del creyente, se ha ido tornando en un sacramento en el que con confianza se pide a Dios la sanación del enfermo, que recupere la salud o le conceda fortaleza física y espiritual durante el proceso de su enfermedad.

En septiembre del año 2000, el Cardenal Ratzinger y el Arzobispo Tarsicio Bertone emitieron la *Instrucción sobre las Oraciones para Obtener de Dios la Curación*. Posteriormente en el año 2007 el ya entonces Cardenal Bertone convocó en Roma a un grupo de expertos en las diferentes áreas de la oración y el ministerio de la sanación para volver a tratar el tema, gracias a ese esfuerzo se crearon las *Directrices para las Oraciones de Sanación* editada por la Comisión Doctrinal del ICRRS que dio mucha más claridad y validez al algo que por varias décadas estaba sucediendo de hecho.

Hipócrates, el padre de la medicina (460, a.C.) afirmó que, "antes de curar a alguien, pregúntale si está dispuesto a renunciar a las cosas que le enfermaron" y esta frase está llena de sabiduría y de sentido porque en este proceso que hemos iniciado iremos descubriendo poco a poco las raíces que nos pueden estar atando a ciertos males; algunas provocadas por nosotros mismos, otras nos vienen del pecado de los demás y que, en la mayoría de los casos, los racionalizamos, los hemos asumido y ya vivimos con estos sin hacer mucho o nada al respecto aunque sigan dañándonos.

III. De la necesidad de la Batalla Espiritual

Nos demos cuenta o no, seamos conscientes o no, vivimos en una constante lucha o batalla espiritual; lo peor del caso es que como lo menciona San Pablo en su carta a los Efesios:

> Nuestra lucha no es contra enemigos de carne y sangre, sino contra los Principados y Potestades, contra los Soberanos de este mundo de tinieblas, contra los espíritus del mal que habitan en el espacio. (Cfr. Ef. 6, 12).

Es decir, la vida cristiana es una constante guerra espiritual contra el maligno, de ahí la necesidad de tener siempre puesta la armadura de Dios, porque ésta no es una lucha o batalla fácil de ganar, de hecho, la vida cristiana es como una guerra con el malo. Ahora es importante que entendamos que la finalidad de estos versículos reside en el triunfo de Dios conseguido en Cristo Jesús y cómo todas las cosas quedan sujetas a Él. Sin embargo, mientras sucede el triunfo final, vivimos en una constante batalla espiritual en contra de los espíritus malvados, de ahí la relevancia de la recomendación de San Pablo, a que estemos alertas y preparados.

En esa misma línea encontramos en el *Catecismo de la Iglesia Católica* (CIC), numeral 405:

> El Bautismo, dando la vida de la gracia de Cristo, borra el pecado original y devuelve el hombre a Dios, pero las consecuencias para la naturaleza, debilitada e inclinada al mal, persisten en el hombre y lo llaman al combate espiritual.

La Constitución Pastoral *Gaudium et Spes* en el numeral 72 también afirma que esta batalla abarca de alguna manera casi toda la historia humana:

> A través de toda la historia del hombre se extiende una dura batalla contra los poderes de las tinieblas que, iniciada ya desde el origen del mundo, durará hasta el último día, según dice el Señor. Inserto en esta lucha, el hombre debe combatir continuamente para adherirse al bien, y no sin grandes trabajos, con la ayuda de la gracia de Dios, es capaz de lograr la unidad en sí mismo (Cfr. GS 37,2.)

Por su parte, San Ambrosio en *De Sacramentis* nos invita a no tenerle miedo al demonio, sino a confiar en Dios:

> *El Señor que ha borrado vuestro pecado y perdonado vuestras faltas también os protege y os guarda contra las astucias del Diablo que os combate para que el enemigo, que tiene la costumbre de engendrar la falta, no os sorprenda. Quien confía en Dios, no tema al demonio. "Si Dios está con nosotros, ¿Quién estará contra nosotros?"* (Cfr. Rm 8, 31. De Sacramentis, 5, 30).

A finales del siglo XIX y al inicio del siglo XX, el Papa León XIII, quien es probablemente el papa con mayor experiencia y conciencia de la guerra espiritual de todos los siglos, escribió y promovió la oración de liberación y exorcismo dirigida a San Miguel Arcángel, debido a una gran batalla que se estaría librando en el siglo XX:

> **Arcángel San Miguel, defiéndenos en la batalla; sé nuestro amparo contra la perversidad y asechanzas del demonio. Reprímalo, Dios, pedimos suplicantes; y tú, Príncipe de la milicia celestial, lanza al infierno con el divino poder a Satanás y a los otros espíritus malignos, que discurren por el mundo para la perdición de las almas.**

En la cuarta sección del CIC, que trata sobre la espiritualidad y la oración en la vida cristiana en el numeral 2725 encontramos que:

> *La oración es un don de la gracia y una respuesta decidida por nuestra parte. Supone siempre un esfuerzo. Los grandes orantes de la Antigua Alianza antes de Cristo, así como la Madre de Dios y los santos con Él nos enseñan que la oración es un combate. ¿Contra quién? Contra nosotros mismos y contra las astucias del Tentador que hace todo lo posible por separar al hombre de la oración, de la unión con su Dios. Se ora como se vive, porque se vive como se ora. El "combate espiritual" de la vida nueva del cristiano es inseparable del combate de la oración.*

Además, ante la realidad del sufrimiento, la enfermedad, la muerte y otros males por los que transitamos los seres humanos y que, mientras escribo este libro en medio de la pandemia causada por el Covid 19; los seres humanos siempre nos preguntamos el por qué o la razón de éstos. San Juan en su evangelio nos dice que Satanás es el padre de las mentiras, quien ha tergiversado todo desde el principio:

> *Ustedes tienen por padre al demonio y quieren cumplir los deseos de su padre. Desde el comienzo él fue el homicida y no tiene nada que ver con la verdad, porque no hay verdad en él. Cuando miente, habla conforme a lo que es, porque es mentiroso y padre de la mentira.* (Cfr. Jn 8, 44).

El evangelista nos presenta este dualismo en el ser *de Dios e hijos de la luz* los que caminan en la Verdad o *del Demonio o hijos de Belial,* de la oscuridad y la mentira.

Es preciso tener claro que como decía el ahora Padre Rubén Campbell, CC, en un taller de intercesión que impartió hace muchos años en el Centro Carismático de Houston: *el Diablo-Satanás, promete mucho, da poco o nada y cobra caro.* Al respecto, recuerdo a una persona que conocí cuando daba mis primeros pasos en la Renovación Carismática, la cual buscando poder y medios económicos para ella y su familia, hizo un pacto con Satanás y éste, a su vez, le prometió que le daría poder por encima de muchos; cuando compartía su testimonio (luego de convertida y liberada) nos contaba que hasta otros brujos le tenían miedo, no se querían meter con ella, todo parecía ir muy bien y conforme a lo prometido, hasta que llegó el día que le pasó factura, Satanás quería cobrarse con el único hijo que le había regalado Dios a esta mujer. Fue ahí cuando ella abrió los ojos y comenzó a buscar un proceso de liberación, que, por cierto, tomó bastante tiempo. Gracias a Dios, aquella mujer se pudo zafar de los pactos y acuerdos que había hecho y rescatar la vida de su hijo.

El Papa Benedicto XVI en el rezo del Angelus del 17 de febrero del 2013 nos animaba con las siguientes palabras:

> *No tengamos miedo, por lo tanto, de afrontar también nosotros el combate contra el espíritu del mal: lo importante es que lo hagamos con Él, con Cristo, el Vencedor. Y para estar con Él dirijámonos a la Madre, María: invoquémosla con confianza filial en la hora de la prueba, y ella nos hará sentir la poderosa presencia de su Hijo divino, para rechazar las tentaciones con la Palabra de Cristo, y así volver a poner a Dios en el centro de nuestra vida.*

San Agustín nos alertó sobre cómo el mal es algo constantemente presente en nuestras vidas y cómo debemos estar alertas siempre. El énfasis que pone en el divorcio o separación de nuestra naturaleza original y en cómo esto hace de alguna manera que el mal siempre esté presente y juegue un rol en nuestra vida diaria, nunca descansa, no ofrece ninguna tregua, por tal nosotros debemos hacer lo mismo.

En el Evangelio de San Marcos 16, 17-18 encontramos el siguiente pasaje que nos parece clave para entender el esfuerzo que estamos haciendo de invitar a todos y cada uno de ustedes a orar en batalla espiritual por sí mismo y por sus familias:

> *...y estos prodigios acompañaran a los que crean: arrojarán a los demonios en mi Nombre y hablaran nuevas lenguas; podrán tomar a las serpientes con sus manos, y si beben un veneno mortal no les hará ningún daño; impondrán las manos sobre los enfermos y los curarán.*

El sacerdote y exégeta Dr. Eugene LaVerdiere en su libro *The Beginning of the Gospel – Introducing the Gospel Accordding to Mark (Vol. 2).* Distingue los signos o milagros es dos grupos; los primeros de tipo revelador (como los que nos presenta el evangelio de San Juan), más relacionados con el mensaje; y los segundos que van más en la línea de brindar autenticidad y acreditar la predicación de Jesús de manera particular con aquellos no creyentes que se resistían o eran hostiles a su misión, es decir, están relacionados con el mensajero. Los cinco signos o señales que aparecen en estos versículos 17-18 están más en la línea de lo segundo (acreditar y dar autenticidad), porque manifestaban el poder del evangelio. Si bien, todo el final extendido del evangelio de San Marcos (16, 9-20), no es fácil de entender.

El Padre LaVerdiere afirma que los signos están directamente asociados a los que creerán, pero la promesa es dada a los once. Por lo que, el propósito es mostrar que la misión conferida a los once es auténtica y crítica para la salvación de la humanidad. Por lo tanto, estos signos tienen la finalidad de reforzar el esfuerzo misionero de la Iglesia. El "a los que creerán" gracias al evangelio que les será proclamado, los acompañarán signos extraordinarios. Tanto la primera como la última señal acompañaron la predicación del mismo Jesús: uno, *expulsar los demonios* (en griego, *Daimonia Ekbalousin*) y dos, el de *pondrán las manos sobre los enfermos, y estos se sanarán.* En el evangelio encontramos que es a los que Jesús envía (los doce), a los que acompañarán estas señales, ellos echarán los demonios y los espíritus impuros, no los que reciben el mensaje. Sin embargo, lo que leemos en este final alargado del evangelio de San Marcos es que ~ los que escuchen a los apóstoles y crean ~ serán los que, a su vez, echarán demonios y sanarán a los enfermos. Estamos probablemente hablando de al menos dos generaciones después de Jesús, es casi seguro, que esto haya sido escrito y dirigido a aquellos que sucedieron la generación apostólica. Es como una escalerita de sucesión; estas señales le acompañaron a Jesús, luego a sus Apóstoles y finalmente a aquellos que creyeran por su predicación expulsarán demonios en el Nombre de Jesús y de esta manera quedará confirmada la misión de Jesús continuada por los apóstoles y sus sucesores.

La pregunta que salta a la vista es: ¿Quiénes son *"los que creerán"* de todos los tiempos? y podemos afirmar que somos tú y yo; así que por el hecho de creer en la predicación de los apóstoles y bautizarse según el versículo anterior, en el Nombre de Cristo podemos ejercer de manera análoga este poder. Esto, realmente, es una gran noticia y bendición, la humanidad necesita a Cristo para sobrevivir esta batalla espiritual. Jesús vino a salvar a toda la humanidad. La misión encomendada a los once y de acuerdo con la mayoría de los documentos más actuales sobre el tema: *Evangelii Nuntiandi* de San Pablo VI, *Redemptoris Missio* de San Juan Pablo II y la más reciente del Papa Francisco *Evangelii Gaudium*, es la misión de la iglesia y, por lo tanto, es también nuestra misión, la de cada uno de los bautizados. Nos urge que presentemos el evangelio de Jesús a todo el mundo. Si bien es cierto que algunos han entendido que esta tarea se refiere a los ordenados, obispos, sacerdotes, que, de hecho, por su llamado particular gozan del poder de realizar estas señales; en el sentido amplio y bajo la realidad eclesial que vivimos, si lo pensamos bien, esta visión exclusiva hace que la misión a la que todos hemos sido llamados en la Iglesia en nuestros tiempos se haga casi imposible. De ahí pues, la urgencia de que cada cristiano por las gracias recibidas en su bautismo pueda orar en batalla espiritual por sí mismos y por los suyos. El padre Gabriel Amorth también nos invita a no tenerle miedo al demonio y afirma que la oración y la fe son auténticos vehículos para la liberación.

Recientemente, en una de sus homilías en Santa Marta el Papa Francisco afirmó que, si nuestra fe es débil, el diablo nos vencerá. Y además dijo que el diablo existe y debemos luchar contra él, lo dice san Pablo, está en la Palabra de Dios. De ahí la importancia de ponernos la armadura de Dios.

No se trata de ninguna manera de suplantar, sino de aligerar la carga y hacernos corresponsables como lo mencionó el Papa Benedicto XVI: de nuestra salvación y la de los demás. En el Libro *Deliverance Ministry* de la Comisión Doctrinal del ICRRS, se afirma que, ***los laicos pueden y deben hacer oraciones de liberación porque Jesús les dio esa autoridad por el bautismo.***

1. La realidad

Todos tenemos problemas, de diferente índole claro, y puede ser que hayamos ido desarrollando cierta resiliencia al mal y al malo; hoy, nadie se pregunta por qué o qué está realmente detrás de tantos males que nos aquejan en diferentes áreas; desde la personal-espiritual, la familiar-relacional, hasta la social-global. Nos hemos acostumbrado, por decirlo así, a vivir derrotados por algo o mejor dicho por alguien, que ni siquiera hemos identificado bien. Lo peor es que si nosotros no hacemos nada para echar de nuestras vidas a quien es el origen de tanta maldad, puesto que Dios respeta nuestro libre albedrío, él tampoco lo hará. Pero si nos resolvemos a echarlo, entonces contamos con toda la ayuda de Dios. Además, valdría la pena preguntarnos si lo que hemos estado haciendo y cómo lo estamos haciendo hasta ahora, nos está funcionando; si realmente somos honestos con nosotros mismos, la respuesta será NO.

Como lo previó el Papa León XIII a finales del siglo XIX, el poder y la influencia del Demonio han venido creciendo a pasos agigantados, algunos exorcistas afirman que esto se dio más después del Concilio Vaticano II. Tenemos pues, la responsabilidad, los que por el bautismo hemos sido habilitados con la gracia de parar esta acción según Marcos 16, 17-18 los que hemos creído y hemos sido bautizados podemos resistirle al Demonio, pero... Y si estamos dormidos, ¿Quién lo va a hacer? Varios teólogos y exorcistas aseguran que, sin deslindar la responsabilidad de personas concretas, cuando el malo (demonio) acumula mucho poder, acarrea grandes catástrofes como las guerras mundiales, las pandemias, las crisis sociales y económicas, etc.

En el evangelio de San Lucas 16, 8 encontramos que, *los hijos de este mundo son más astutos en su trato con los demás que los hijos de la luz.* Entiéndase que esto no es ningún piropo de parte de Jesús al administrador deshonesto. San Agustín refiriéndose a este pasaje señala que, *no porque el siervo aquel fuera precisamente un modelo para imitar, sino porque fue previsor para el futuro, a fin de que se avergüence el cristiano que carece de esta determinación.* Los hijos de la luz, al parecer, están o estamos dormidos; el Señor lo vio en su tiempo, hemos sido capacitados para resistir, habilitados para esta batalla dirigida contra nosotros; puesto que, el demonio a Dios no le hace batalla, porque siempre pierde.

San Francisco de Sales dijo que: *La vida del ser humano sobre la tierra es una milicia,* es decir, una lucha o batalla, por lo que debemos estar siempre combatiendo el duro combate de la fe. El creyente, por lo tanto, está siempre en una lucha espiritual fuerte contra los demonios. Lo normal, luego entonces, es vivir en un combate espiritual constante.

Sin embargo, uno de los problemas espirituales más grandes de nuestros tiempos y lo han señalado exorcistas de la talla del P. Gabriel Amorth, es que tenemos un entendimiento muy limitado sobre las cosas relacionadas con el demonio en comparación con las generaciones anteriores; aun así, nos toca hacer la batalla en el Nombre de Jesús. Valdría la pena cuestionarnos, si ante el sin número de situaciones que hemos vivido en la misma Iglesia durante las últimas décadas, y de acuerdo con el librito *Carta a una Iglesia de sufre* del Obispo Robert Barrón, sin eximir las responsabilidades correspondientes de cada individuo, si es el demonio quien desde dentro está destruyendo a 'la Iglesia.' Si bien es verdad la promesa que Jesús hizo para nosotros y que encontramos en Mateo 16, 18b: *y las puertas del infierno no prevalecerán contra ella;* también es cierto que, en nuestros días, seguimos sin tener claridad de dónde nos viene el ataque.

Hoy más que nunca experimentamos la necesidad de orar en favor de nuestras familias, pues al indagar en nuestra historia familiar, nos damos cuenta de que hemos venido arrastrando ataduras que a primera vista no son perceptibles. A menudo, vemos el pecado o la manifestación del mismo en obras o situaciones concretas, pero no somos capaces de ver qué hay detrás; no vemos o percibimos ni la lucha, ni la resistencia de la persona, tampoco vemos la atadura, que a menudo nos lleva a experimentar esta batalla interior que el mismo San Pablo enfrentaba y que nos menciona en Romanos 7, 15: *Y ni siquiera entiendo lo que hago, porque no hago lo que quiero, sino lo que aborrezco*, el Apóstol de los Gentiles presenta la oposición entre la carne (*Sarx*) y el espíritu (*Pneuma*) esta batalla interna que sucede en el ser humano que por un lado busca el bien, pero que está en su naturaleza inclinado al mal.

2. El enemigo es astuto... HEK 293[17]

En antropología encontramos que la mayoría de las culturas experimentaron la presencia de 'un poder(es)' que de alguna manera controlaban el destino, las fuerzas de la naturaleza y las del mundo 'espiritual'; por lo que, los seres humanos para canjearse cosas de este "poder o poderes" ofrecieron sacrificios u ofrendas, que dependiendo de lo que querían conseguir, primero eran plantas, luego algunos animales pequeños, más tarde fueron animales más grandes y con el tiempo la cantidad de animales también fue aumentado. Cuando se querían canjear o conseguir los favores más grandes, entonces ofrecían a otros seres humanos. La mayoría de los sacrificios que se realizaban, una parte de la ofrenda se comía y la otra se ofrecía a los 'dioses.' En el Seminario de Sanación de Familias, el padre Ssemakula menciona que esto de alguna forma persiste hasta el día de hoy en nuestra civilización moderna. Y hace referencia al HEK 293. Resulta que han encontrado restos de seres humanos (de los órganos de bebés abortados) en la comida, los medicamentos y los cosméticos.[18] En otras palabras, nos están haciendo (sin darnos cuenta la mayoría de las veces) partícipes indirectos de este ritual moderno ofrecido a Satanás, realizado a través del aborto que es uno de los peores males que suceden en la humanidad, privar de la vida al inocente, al que no se puede defender. Por lo que, con toda verdad, se vuelve necesario que intensifiquemos nuestra respuesta viviendo y promoviendo la justicia social de la Iglesia en este renglón, pero también realizando oraciones de guerra espiritual, porque como verdaderos hijos de Dios, cuando realizamos éstas, el demonio huye.

17. HEK 293 por sus siglas en inglés: Human Embryonic Kidney 293. Las células embrionarias de riñón humano 293, también conocidas como HEK 293 o de forma menos precisa, células HEK, son una línea celular proveniente de células de riñón de embrión humano. Estas células son muy sencillas de cultivar y se transfectan fácilmente, por lo que se han usado ampliamente durante muchos años para la investigación en biología celular. Además, se utilizan también en la industria biotecnológica para producir virus y proteínas para terapia génica.

18. Hace algunos años El Observador de la Actualidad Periodismo Católico, publicó un artículo titulado: *¿Qué hacen con los cuerpos de los bebes abortados?* en el que aborda el tema.

IV. De la Sanación
Intergeneracional

En este capítulo quiero presentarles a manera de resumen, algo que Fray Nelson Medina compartió sobre la sanación intergeneracional en su cuenta de YouTube. Es como una especie de apología sobre el tema, comienza hablándonos de dos posturas extremas que encontramos en algunos miembros de la Iglesia:

a. **LOS QUE ESTAN EN CONTRA**... afirman que cualquier cosa relacionada con el término o la práctica de ésta hay que cancelarla, argumentando que es contrario a la teología moral y a la Sagrada Escritura; para éstos, lo que cuenta es el pecado personal, por lo que la sanación intergeneracional es una idea contraria a la justicia y a la misericordia de Dios. Esta es la postura preferida por individuos o grupos más tradicionales dentro de la Iglesia Católica.

b. **LOS QUE ESTAN A FAVOR**... afirman la repetición de ciertas culpas, pecados y/o tendencias en familias enteras, tales como la brujería, el suicidio, la infidelidad matrimonial, la situación cuando nadie se casa en una familia etc. Para estas personas sí hay cadenas intergeneracionales, por lo que, la Iglesia tiene que apelar a la fuerza de la oración y no debe ser indiferente para ayudar o acompañar a las familias a romper esas cadenas.

Luego nos presenta tres principios claves, a saber:

a. **El principio de la responsabilidad personal**, lo encontramos en el libro del profeta Ezequiel capítulo 18, sobre la responsabilidad personal afirma que el papá puede ser virtuoso y el hijo vicioso y viceversa; mostrando que no es tan sencillo hacer esta conexión. Respecto a esto hay que aclarar dos aspectos del pecado. Por un lado, es **una culpa, un torcimiento** de la voluntad humana que se revela contra Dios, y esa culpa, torcimiento, rebeldía no se transfiere ni vertical, ni horizontalmente. La otra dimensión es **la pena que corresponde a las consecuencias** del pecado y éstas sí pueden afectar de una u otra forma a otras generaciones como lo conciliamos con la teología y la práctica pastoral de la Iglesia.

b. **El principio de la herencia de la pena/consecuencia**, presentándonos un ejemplo que se enfoca al área de la economía o el mal manejo de los bienes, cuando un padre que ha sido irresponsable termina arruinando la economía familiar, deja a su descendencia en la pobreza y probablemente a la(s) siguiente(s) generaciones que lo tendrán que padecer. En el plano genético también se ha comprobado una cierta tendencia genética o predisposición, por ejemplo, en lo referente al consumo del alcohol. No significa que la voluntad quedó condicionada a realizar algo, sino que hay pendientes inclinadas que nos llevan en esa dirección y que será más fácil caer.

c. El tercer principio tiene que ver con **los ambientes**, por ejemplo, uno de violencia va a impactar severamente la formación de los hijos. De hecho, hay estudios que afirman que desde el vientre materno ya se puede afectar positiva, pero también negativamente a la criatura a partir del ambiente en el que se ha comenzado a desarrollar.

Luego entonces, podemos afirmar que estas "cadenas," "patrones" o consecuencias pueden transmitirse vía genética, por el ambiente y por los ejemplos que se irán aprendiendo y posteriormente repitiendo consciente o inconscientemente en la siguiente(s) generación(es).

Además, es importante señalar que hay otro tipo de transmisión en la tradición católica que tiene que ver con las oraciones de exorcismo que se realizan sobre los lugares, esto quiere decir que los espíritus malos, perversos, de tinieblas, tratan de adueñarse de ideas, de lugares, de prácticas y ese sitio donde intentan vivir o ejercer su poder, va a afectar a otras personas. Por ejemplo, si una persona busca canjearse poderes del demonio mediante la práctica de la brujería, hace pacto o alianza con el demonio, buscando poder a su favor; esta persona reclama o invita esta fuerza del poder de las tinieblas, dándole una cierta autoridad sobre un "lugar," es decir, su descendencia, lo que salga o venga de ésta se verá afectada. Las oraciones de reparación o desagravio que realizamos cuando sucede la profanación de un templo, nos indican que no es absurdo buscar la liberación de ese tipo de ataque insidioso del enemigo que puede estar unido a ciertas alianzas sucias y reprobables que algunas personas podrían haber hecho en nuestro árbol genealógico. El demonio sabe que la creación le pertenece a Dios y que él no tiene parte alguna, por lo que busca con ansia algo que puede llamar suyo y ese algo pueden ser ideas, lugares, tendencias, muchas cosas. El Cardenal Robert Sarah, Prefecto Emérito de la Congregación para el Culto Divino y la Disciplina de los Sacramentos hablaba de que hay tendencias demoníacas en algunas de las corrientes culturales que existen hoy. El Santo Padre Pio en su tiempo mencionaba cómo detrás de las presiones abortistas, indudablemente hay una acción del demonio ahí.

1. ¿Qué debe hacer la Iglesia?

Nuestras oraciones quieren pedir el Señorío de Jesucristo en cada área de nuestra vida. En la Santa Misa después del Padre Nuestro quien preside concluye la Oración del Señor de la siguiente manera: *Líbranos de todos los males, Señor, y concédenos la paz en nuestros días, para que, ayudados por tu misericordia, vivamos siempre libres de pecado y protegidos de toda perturbación...* esta es una oración de liberación y como ésta, en la liturgia y otras oraciones surgidas de la religiosidad popular, nos sirven para la batalla espiritual y son realmente oraciones de sanación y liberación que, si las hacemos con las disposiciones internas necesarias y de todo corazón, podremos obtener esas gracias que buscamos de nuestro Dios misericordioso.

Para concluir, Fray Nelson sugiere que nuestra oración de liberación o para pedir sanación intergeneracional tiene que seguir estas tres líneas:

> a. **La Genética**, los genes no van a cambiar como tal, al menos que Dios actúe extraordinariamente sobre éstos, por lo que generalmente pedimos en la oración que no estemos en las garras de nuestros instintos y pasiones, San Ignacio de Loyola decía que todos tenemos un pecado dominante, aunque todos tenemos la misma naturaleza. Se trata pues de invocar la ayuda del Señor para que no nos deje en las garras de esas inclinaciones.

> b. **El Ambiente**, respecto a éste, le pedimos al Señor que sane aquello que en la inteligencia y en la voluntad ha quedado malogrado, dañado o torcido por los malos ejemplos que hemos visto o las malas experiencias que se han vivido mientras crecíamos. Santo Tomas nos habla de esto, cuando afirma que es claro que nosotros caemos en error porque encontramos una cierta "verdad", por lo que hay que pedir una verdad más plena y luminosa para que la persona sea liberada de aquello que en su ambiente y en su educación le haya hecho tanto daño.

> c. **Orar con fe y humildad** para que en el Nombre de Jesús se aleje toda insidia del enemigo sobre las personas y sobre las familias.

Sabiendo que esto no es una explicación exhaustiva respecto a la materia que estamos tratando, sino más bien una excusa o pretexto para continuar indagando, creemos que nos brinda algunas claridades al respecto sobre las que siempre podemos continuar profundizando.

Finalmente, me uno al padre Martin H. Padovani, quien en su libro *Healing Wounded Emotions (Sanando las Emociones Heridas)* en el capítulo XV sobre las raíces (Roots) citando a Franz Werfel: *Para aquellos que creen no es necesaria una explicación, para aquellos que no creen, no hay explicación posible.* Como personas enraizadas en la Palabra de Dios, estamos llamados a cambiar y creemos que podemos hacerlo. Así que no dudemos en examinar los éxitos y las fallas de nuestra familia de origen, cuya influencia pende en lo más profundo de nuestros corazones y nuestras mentes.

V. De Nuestras Ideas sobre Dios

Todo lo que digamos o afirmemos de Dios siempre será limitado, porque Él está por encima de nuestro entendimiento. Aun así, Él se ha querido dar a conocer, salir a nuestro encuentro y por eso podemos afirmar algunas cosas respecto a la naturaleza de Dios.

Ludwig Ott en su libro *Manual de Teología Dogmática* respecto a la bondad ontológica de Dios afirma que *Dios es la Bondad por esencia o la bondad misma, que es la bondad total que está por encima de toda bondad creada. Él es el supremo bien.* Y comienzo este capítulo porque en el proceso que nos va llevando este libro es muy importante dejar por entendido que todo lo que Dios hace es bueno y que no puede ser de otra manera.

1. Nuestra imagen de Dios

Así que, ahora vamos a explicar el o los conceptos que hemos tenido de Dios para entender con claridad y acierto qué hace o cómo actúa respecto a las experiencias dolorosas y negativas que suceden en nuestras vidas y que por costumbre o malentendido se las colgamos o atribuimos a Dios, cuando en realidad Él siempre quiere lo mejor para nosotros y no se cansa de bendecirnos.

Dios, el Señor, el Todopoderoso y el Creador de todo cuanto existe tiene para nosotros un lugar a parte de todo y de todos, incluyendo del ser humano y del mismo satanás de los que trataremos más adelante con más detalle pero que por ahora diremos que son criaturas de Dios y, por lo tanto, limitados. Así que, debemos tener claro que Satanás no es el dios del mal con los mismos poderes que Dios. Satanás es un ángel caído, una criatura y como tal está bajo el poder y la soberanía de Dios.

Sería bueno también antes de profundizar sobre este tema preguntarnos Quién creemos que gobierna (manda, dirige, señorea) el mundo en el que vivimos. A menudo, pensaremos que es Dios, pero en realidad no es así, porque si así fuera, el mundo sería el paraíso o el cielo mismo, todo, absolutamente todo sería bueno. Otros pensaran que es Satanás (el príncipe de este mundo), aunque a veces así parezca, no lo es, porque esto sería el infierno y todo absolutamente sería malo.

En el libro *Responding to Evil (Respondiendo al Mal)* el Doctor Joseph F. Kelly afirma que, en la tradición cristiana, Satanás no ha causado mal a los hombres, lo que hace es tentar a los seres humanos a hacer el mal. Si Satanás causara el mal, sería el responsable de éste, pero son los seres humanos que pecan los que deben tomar responsabilidad de sus propias acciones. Ningún espíritu del mal puede forzarnos a pecar. Siempre podemos resistir la tentación. ¿A dónde vamos? A afirmar que Dios SIEMPRE ES BUENO, el demonio SIEMPRE ES MALO y el ser humano es el que libremente SEMPRE DECIDE invitar o darle la entrada a DIOS o a Satanás.

El sistema de Dios consiste en que todo y lo único que hace es siempre bueno; Dios no puede y no hace o causa el mal en sus designios. Usar el mal iría en contra de su propia naturaleza, así que nuestra tarea en este capítulo es explicar lo que hemos entendido o malentendido y lo que realmente es Dios basados en algunos textos importantes que encontramos en la Sagrada Escritura.

2. Entre la VERDAD de Dios y la MENTIRA del diablo

Sin sobre abundar (retomaremos el tema más ampliamente en los capítulos IX-X), pero para tener un mejor entendimiento de quién es y cómo actúa Dios les presentamos los siguientes textos que también, indirectamente incluyen cómo es y actúa Satanás, el maligno siembra semillas de muerte... con la libertad del maligno y la complicidad del hombre suceden estas trampas en el mundo.

En el evangelio de San Juan 8, 44, Jesús dice, *Ustedes* [dirigiéndose a los fariseos que no habían creído en él] puesto que los profetas venían de Jerusalén, no de Galilea y le preguntaban a Jesús de cual escuela venía él; la repuesta implícita de Jesús es: De ninguna, sino que él venía del Padre, pero ellos cuestionaban su procedencia: *Tienen por padre al diablo y quieren realizar los malos deseos de su padre* [el diablo]. *Ha sido un asesino desde el principio, porque la Verdad no está en él, y no se ha mantenido en la verdad. Lo que se le ocurre decir* [siempre] *es mentira, porque es un mentiroso y padre de toda mentira.*

La VERDAD es uno de los temas más importantes del Evangelio de San Juan; es otro de los siete "YO SOY" donde afirma que es el Camino, la Verdad y la Vida. Este pasaje nos invita a vivir en la verdad esta es la manera como Dios "interviene" en nuestras vidas, comunicando esa verdad, sin violentar en absoluto nuestro libre albedrío, su 'modus operandi' para actuar en nuestro favor. Por otro lado, el pasaje nos deja claro que Satanás, el *homicida* ha sido siempre uno y único, *desde el principio*, desde el tiempo de Caín. Y su 'modus operandi' es lo contrario al de Dios, se vale de la mentira como vehículo para desviarnos de la verdad que viene de Dios, siempre actúa y se acerca a nosotros de la misma manera, por lo que el objetivo de Satanás es la mente del ser humano y su arma favorita son las mentiras, hace como si la mentira fuera verdad, de hecho, no hace nada sin la mentira, en cualquier pecado siempre viene primero la mentira. Ahora es importante reconocer que, no se puede hacer la lucha sin conocer al enemigo. Satán es una palabra hebrea que significa: "acusador o adversario, alguien que resiste". El término se utiliza 19 veces en el Antiguo Testamento, muy pocas veces realmente, era el que casi no se conocía, eso quiere decir que no estaba obrando, no, más bien pasaba desapercibido. De esas 19 veces, 14 se encuentran en los primeros dos capítulos del libro de Job. También se menciona en 1 Crónicas 21, 1, en el Salmo 109, 6 y en Zacarías 3, 1–2.

Jesús es, la verdad revelada. Llenemos nuestra mente con la Palabra de Dios – para vivir en la verdad. Para el evangelista San Juan no hay gris... o es blanco o es negro – o estás con Jesús o estás contra Jesús. En Apocalipsis 3, 15-16: *O fríos o calientes, los tibios los vomito.*

La realidad es que tenemos dos reinos opuestos que están en constante enfrentamiento: El de Jesús con el bien, la vida, el amor, la verdad y la felicidad y el de Satán con el mal, la muerte, la tristeza, la mentira y la destrucción. No hay nada entre ambos, es el uno o el otro y cuando aceptamos pecar abrimos de alguna manera la puerta al reino de satanás y nos hacemos visibles a los demonios que están al acecho y a partir de ahí, comienzan a trabajar.

3. Otros textos

En Sabiduría 1, 13 encontramos: *Porque Dios no hizo la muerte, y no le gusta que se pierdan los vivos.* Es decir, a Dios no le gusta la destrucción de los vivos, la muerte no viene de Él. Si bien mayoría de los comentarios sobre el pasaje se inclinan a que el autor no está hablando de la muerte física, de hecho, es un tanto indiferente a lo relacionado con el cuerpo; sino de la espiritual, la separación eterna de Dios; queda clara la postura de Dios respecto a la manera de proceder, lo que quiere, lo que busca para nosotros.

Un poco más adelante en Sabiduría 2, 24: *La envidia del diablo introdujo la muerte en el mundo, y la experimentan los que toman su partido.* Una vez más el autor se refiere a la muerte espiritual, porque es el malvado el que la experimenta, respecto 'la envidia del diablo' es un pasaje raro en el Antiguo Testamento que hace referencia al relato de la caída de Génesis 3 y es el primer texto bíblico que equipara a la serpiente con el demonio. Además de apuntar que es por la envidia del demonio hacia Adán, o porque había sido creado a imagen de Dios, o porque Dios le había dado control sobre todo lo creado (Cfr. Salmo 8), que actúa de esta manera.

Nosotros creemos que por el pecado original entraron cuatro cosas o situaciones a la vida del ser humano:

    a. **La concupiscencia**, inclinación al mal o a pecar.

b. **La ignorancia**, en el plan original de Dios teníamos acceso a conocerlo a Él y todo lo creado.

c. **La enfermedad**, que es consecuencia de la caída.

d. **La muerte** sobre todo la espiritual.

No heredamos el pecado, sino las consecuencias de éste. Algunos dicen que quedan también en nosotros 'ciertos desórdenes espirituales'. Ludwig Ott respecto a las consecuencias del pecado original dice que los teólogos escolásticos inspirándose en Lc. 10, 30 resumieron las consecuencias del pecado original en el siguiente axioma: ***El hombre ha sido por el pecado de Adán, despojado de sus bienes sobrenaturales y herido en los naturales.***

En Jeremías 29, 11 encontramos el siguiente oráculo: *Porque yo sé muy bien lo que haré por ustedes; les quiero dar paz y no desgracia y un porvenir lleno de esperanza -palabra de Yahvé-.* Desde el capítulo 26 viene presentando una serie de promesas de felicidad para los exiliados y en esta carta les recuerda lo que realmente Dios ha querido y quiere para ellos, UN PORVENIR LLENO DE ESPERANZA. Dios siempre quiere lo mejor para nosotros.

VI. Del Sufrimiento

1. En general

Entendiendo lo anterior, ahora entramos a un tema difícil desde cualquier punto de vista, entramos al terreno sinuoso del sufrimiento para entenderlo un poco. En la Carta Apostólica *Salvifici Doloris* numeral siete de San Juan Pablo II respecto al sufrimiento afirma lo siguiente:

> La realidad del sufrimiento pone una pregunta sobre la esencia del mal: ¿Qué es el mal? Esta pregunta parece inseparable, en cierto sentido, del tema del sufrimiento. La respuesta cristiana a esa pregunta es distinta de la que dan algunas tradiciones culturales y religiosas, que creen que la existencia es un mal del cual hay que liberarse. El cristianismo proclama el esencial bien de la existencia y el bien de lo que existe, profesa la bondad del Creador y proclama el bien de las criaturas. **El hombre sufre a causa del mal, que es una cierta falta, limitación o distorsión del bien.** Se podría decir que el hombre sufre a causa de un bien del que él no participa, del cual es en cierto modo excluido o del que él mismo se ha privado. Sufre en particular cuando «debería» tener parte—en circunstancias normales — en este bien y no lo tiene.

Y respecto a la causa o la razón en el numeral nueve continúa:

> ...aparece inevitablemente la pregunta: ¿Por qué? Es una pregunta acerca de la causa, la razón; una pregunta acerca de la finalidad (¿Para qué?); en definitiva, acerca del sentido. Esta es una pregunta difícil, como lo es otra, muy afín, es decir, la que se refiere al mal: ¿Por qué el mal? ¿Por qué el mal en el mundo? Cuando ponemos la pregunta de esta manera, hacemos siempre, al menos en cierta medida, una pregunta también sobre el sufrimiento.

Respecto al "por qué" del sufrimiento del justo Job en el numeral doce nos dice que:

> El libro de Job no es la última palabra de la Revelación sobre este tema. En cierto modo es un anuncio de la pasión de Cristo. Pero ya en sí mismo es un argumento suficiente para que la respuesta a la pregunta sobre el sentido del sufrimiento no esté

> *unida sin reservas al orden moral, basado sólo en la justicia. El libro de Job pone de modo perspicaz el «por qué» del sufrimiento; muestra también que éste alcanza al inocente, pero no da todavía la solución al problema.*

En seguida presentaremos algunas ideas que nos guíen a tener un poco más de claridad respecto al tema del sufrimiento.

2. El sufrimiento innecesario y el "castigo" de Dios

El sufrimiento innecesario es el que es causado por el pecado, aunque algunas veces a éste se le ha identificado como "castigo de Dios" En el numeral doce de *Salvifici Doloris* nos habla de alguna manera de éste:

> *El sufrimiento aparece, desde este punto de vista, como un «mal justificado». La convicción de quienes explican el sufrimiento como castigo del pecado, halla su apoyo en el orden de la justicia, y corresponde con la opinión expresada por uno de los amigos de Job: «Por lo que siempre vi, los que aran la iniquidad y siembran la desventura, la cosechan»*

Respecto al "castigo de Dios" o el "lenguaje del castigo de Dios" como a menudo se menciona en el Antiguo Testamento. Es preciso entender que Dios no tiene necesidad de castigar. Jesús vino a sanar y a liberar… hasta el día de hoy hay gente que piensa y le atribuye a Dios cierto sufrimiento y dice cosas como: que Dios les envía cruces, enfermedades y problemas familiares con el fin de llevarlos al cielo más tarde (no como un fin, sino como un medio) sin embargo, todo esto forma parte del sufrimiento innecesario y no es querido por Dios.

Como hemos mencionado ya, Dios quiere salvarnos sin violar el libre albedrío, en su ministerio público Jesús predicaba, pues la enseñanza de la verdad es su forma de salvarnos sin violentar nuestro libre albedrío. Enseña para que el hombre escuche y luego decida si lo acepta o no en su vida. Nos muestra qué está bien o qué está mal, nos invita a que hagamos esto y no hagamos aquello, de ahí el sentido de las diez disposiciones-mandamientos, las bienaventuranzas y otras enseñanzas de esta índole. Dios nos da la información necesaria para no caer en desgracia, pero a menudo terminamos cometiendo justo lo que nos ha pedido que evitemos (esta es la historia del hombre desde el inicio hasta nuestros días), cuando estamos en desgracia es que clamamos a Dios o le echamos la culpa. Lo hacemos sabiendo que Dios nos había advertido de alguna manera y esto nos lleva a pensar que al hacerlo Dios se enojó y por eso me manda este castigo. Pero en realidad lo que quería Dios era evitarme este mal y este sufrimiento que como lo señalamos, al caer trae consecuencias. Muchas veces nos hacemos los valientes, hacemos lo que no es bueno para nosotros, vienen sobre nosotros las consecuencias y terminamos echándole la culpa a Dios.

En el libro del profeta Oseas[19] en el capítulo cuatro, versículo seis, encontramos la siguiente declaración: *Mi pueblo perece por falta de conocimiento*. Para entender esto es preciso que sepamos que el libro del profeta Oseas es uno muy particular, forma parte de los llamados, junto con el del profeta Ezequiel, profetas de acción simbólica, debido a que no solo predican con la Palabra, sino con su propia vida, la cual se convierte en profecía.

El pasaje resalta la desgracia del pueblo que, ante el inminente acecho y destrucción por parte de Asiria al Reino del Norte, el pueblo de Dios *languidece, perece, se pierde o muere* y la causa es *por falta de conocimiento*. Entendamos que el profeta (hablando de parte de Dios) está levantando una acusación en contra de los sacerdotes de su tiempo ¿Por qué la gente/pueblo está pagando el precio?; por culpa de ellos, porque no habían hecho su trabajo, no habían hecho nada. Si le pudiéramos poner un tono al texto sería uno de tristeza o de reproche - *Mi pueblo está sufriendo por culpa suya,* - entendamos que esto es algo que Dios no quiere, Él está preocupado, desilusionado, este Dios todopoderoso, ve la realidad del Pueblo a punto de perderse y lo comenta con tristeza, porque lo que le viene y no lo puede parar. – es un: -*Estoy triste porque no puedo hacer nada al respecto*- esta tristeza tiene un dejo de "impotencia" detrás.

Es preciso preguntarnos, ¿Qué hay en el mundo que Dios no puede hacer? La respuesta es, no puede violentar o pasar por alto la decisión del hombre; ante ésta, Dios se detiene. Los sacerdotes decidieron no hacer su trabajo; ya fuese por miedo al pueblo, por control, o por poder. Este es uno de los textos en los que al parecer encontramos un cierto dilema acerca de cómo actúa Dios con su pueblo en el Antiguo Testamento, esta aparente contradicción entre si Dios manda o

---

19. La historia de Oseas es desconcertante, se tiene que casar con una prostituta, la cual un tiempo después de casarse abandona al profeta y regresa a prostituirse y Oseas tiene que ir a rescatarla y traerla consigo. Gomer está embarazada y da a luz a un hijo (Jezreel = Dios siembra o esparce) y aunque no es de Oseas, Dios le pide que lo tome como si fuera de él. Una vez juntos, por segunda ocasión, Gomer decide por segunda ocasión dejarlo e ir a prostituirse y el profeta, una vez más, tiene que ir por ella, Gomer otra vez está embarazada, tampoco es de Oseas y ahora les nace una hija (Lo-Ruhamah = No Misericordia) porque Dios ya no se compadecería de Israel, como verás, los nombres de los hijos se convierten en profecía. Ahí no terminó la cosa, hubo una tercera vez en la que Gomer no solo regresa a prostituirse, sino que se vende a alguien que ahora la explota y la prostituye, por lo que Oseas tiene que pagar un rescate de 30 monedas de plata (el costo de un esclavo – misma cantidad que le fue dada a Judas Iscariote por entregar a Jesús), Oseas solo tiene 15 monedas en como diríamos ahora, efectivo; su herramienta de trabajo y su semilla (es agricultor) vale las otras 15 monedas, lo que implica que Oseas tiene que gastar todo lo que tiene para vivir para poder rescatarla y así lo hace, una tercera vez, viene embarazada, tampoco es de Oseas, les nace un hijo (Lo-Ammi = No mi pueblo), por que Israel no será más el pueblo de Dios.

permite el mal a su pueblo y por el otro lado la de que ningún mal proviene de Él, salta a la vista. Este dilema será resuelto completamente cuando el Padre envié a su hijo Jesucristo, en quien vamos a encontrar la solución.

Respecto a éste y a muchos otros preconceptos que encontramos en el Antiguo Testamento es preciso que entendamos lo que nos presenta el Catecismo de la Iglesia Católica en los numerales 1066-1067 haciendo eco a San Pablo y su concepto de la economía del misterio o a los Padres de la Iglesia y como lo llaman ellos, la "Economía del Verbo Encarnado" y que en teología se le denomina como la "Economía de la Salvación o la Pedagogía de Dios" que se va revelando poco a poco y nosotros vamos entendiéndola también poco a poco.

Jesús es la Palabra definitiva del Padre - La Plenitud de la Revelación como entendemos en Hebreos 1, 1-3:

> *Después de haber hablado antiguamente a nuestros padres por medio de los Profetas, en muchas ocasiones y de muchas maneras, ahora, en este tiempo final, Dios nos habló por medio de su Hijo, a quien constituyó heredero de todas las cosas y por quien hizo el mundo. Él es el resplandor de su gloria y la impronta de su ser. Él sostiene todo el universo con su Palabra poderosa, y después de realizar la purificación de los pecados, se sentó a la derecha del trono de Dios en lo más alto del cielo.*

En el *Nuevo Comentario Bíblico de San Jerónimo* se nos explica que lo que teníamos en el Antiguo Testamento era parcial o fragmentario en sus diversas formas o maneras como había sido dada la revelación. Es Jesús "la última Palabra de Dios" para el mundo; la revelación completa, final y homogénea. Entender esto es de suma importancia para nuestro acercamiento a muchos textos en la Biblia que pueden parecer difíciles de entender o en ocasiones contrarios a lo que comprendemos por la acción y la predicación de Jesús.

Un pasaje bíblico que me parece crucial, lo encontramos en el evangelio de San Juan 3, 16-18 que afirma lo que Dios quiere y realiza en nosotros:

> *Porque tanto amó Dios al mundo, que entregó a su Hijo único para que todo el que crea en el no muera, sino que tenga Vida eterna. Porque Dios no envió a su hijo para juzgar al mundo, sino para que el mundo se salve por Él. El que cree en Él, no es condenado; Él que no cree, ya está condenado, porque no ha creído en el nombre del hijo único de Dios.*

Si atendemos al contexto, esta declaración sucede después de aquel encuentro personal con Nicodemo, el cual termina abruptamente para introducir este pasaje y nos afirma claramente que Jesús ha venido a traer vida al mundo. Es un pasaje de lo que llamamos escatología ya presente, es decir, lo que vendrá al final se revela delante de nosotros, Jesús ya nos lo trae de alguna manera (el famoso "ya pero todavía no"); la salvación depende de creer o no creer, ahí está el dilema. Encontramos conexión con la tipología de Abraham e Isaac – quien ofrecería a 'su único hijo'. La Biblia Católica de la Familia sobre este pasaje dice:

> *La certeza más grande que tenemos los cristianos es que Dios nos ama infinitamente y quiere que nos salvemos. Jesús viene para salvarnos no para condenarnos, lo único que tenemos que hacer es creer en Él y aceptar su amor.*

En la encíclica *Salvifici Doloris* de San Juan Pablo II afirma que:

> *Estas palabras, nos introducen al centro mismo de la acción salvífica de Dios. Ellas manifiestan también la esencia misma de la soteriología cristiana. Salvación significa liberación del mal, y por ello está en estrecha relación con el problema del sufrimiento. Según estas palabras, Dios da su Hijo al «mundo» para librar al hombre del mal, que lleva en sí la definitiva y absoluta perspectiva del sufrimiento. Contemporáneamente, la misma palabra «da» o «dio» indica que esta liberación debe ser realizada por el Hijo unigénito mediante su propio sufrimiento. Y en ello se manifiesta el amor, el amor infinito, tanto de ese Hijo unigénito como del Padre, que por eso «da» a su Hijo. Este es el amor hacia el hombre, el amor por el «mundo»: el amor salvífico.*

Más adelante en el mismo evangelio de San Juan 10, 10 encontramos este recurso de los opuestos que tanto utiliza el autor de este evangelio: *El ladrón (satanás) viene solo a robar, matar y destruir... Yo vine (solo) para que tengan Vida y en abundancia o eterna.*

El contexto es el discurso en el que Jesús afirma, *Yo Soy la Puerta.* Es claro que San Juan opone de alguna manera las acciones de Dios con las de Satanás, el propósito del uno y del otro. Con esto podemos afirmar que se termina el dilema del Antiguo Testamento. Para el evangelista San Juan solo hay de dos aguas que se oponen completamente, en medio no hay nada, solo tenemos dos opciones delante de nosotros: la vida o la muerte. Nosotros como seres humanos por nuestro libre albedrío, decidimos. Es por eso por lo que no podemos evangelizar solo hablando de Dios, sino que tenemos la responsabilidad de hablar de Satanás, porque existen los dos y es importante aprender cómo defender la vida que Dios nos da. El demonio sabe que los cristianos en el Nombre de Jesús son los que podemos (tenemos el arma) para destruirlo y acabar con él. Jesús, cuando predicó por supuesto que su enfoque principal era revelarnos al Padre, pero también habló del demonio y como éste venía a robar, a matar y a destruir para que estuviéramos alerta, por lo que, necesitamos también enseñar a los cristianos a defenderse y estar prevenidos del peligro. Un amigo en Chiapas, México (QEPD) en una ocasión me dijo con cierta frustración algo que iluminó esto que estoy tratando de comunicarles: "En la facultad te enseñan cómo hacer las cosas bien; hasta clase de ética laboral, de cómo funciona todo armónicamente, pero no te enseñan de todas las tranzas, de la gente mal intencionada que te pone el pie, no te preparan para la realidad y entonces terminas siendo comido por el sistema." De ahí la importancia de hacer conciencia de esta batalla espiritual que libramos todos los días por nuestra alma y la de los nuestros.

El Cardenal Raniero Cantalamessa, predicador de la Casa Pontificia en su *Homilía del Viernes Santo del 2020* en el contexto del azote de la Pandemia del Covid 19 decía:

> *¿Acaso Dios Padre ha querido la muerte de su Hijo, para sacar un bien de ella? No, simplemente ha permitido que la libertad humana siguiera su curso, haciendo, sin embargo, que sirviera a su plan, no al de los hombres. Esto vale también para los males naturales como los terremotos y las pestes. ÉL NO LOS SUSCITA.*

Es importante tener claro que el mal nunca produce un bien. Dios no quiere sacar un bien de un mal porque Él no quiere que el mal suceda o nos pase. Pero, cuando el mal sucede, Él es capaz y nos ayuda a sacar algo bueno de este.

Algunos pasajes bíblicos que pueden ayudarnos a entender y darle claridad a lo que estamos tratando.

En San Mateo 7, 7-11 encontramos el siguiente pasaje:

> *Pidan y se les dará; busquen y hallarán; llamen y se les abrirá. Porque todo el que pide recibe; el que busca, halla; y al que llama, se le abrirá. ¿O hay acaso alguno entre ustedes que al hijo que le pide pan le dé una piedra? ¿O si le pide un pescado, le dé una culebra? Si, pues, ustedes, siendo malos, saben dar cosas buenas a sus hijos, ¡Cuánto más su Padre que está en los cielos dará cosas buenas a los que se lo pidan!*

El contexto general de este pasaje es el discurso de las Bienaventuranzas y este párrafo concretamente nos habla de la eficacia de la oración o mejor dicho la respuesta siempre puntual y generosa de Dios a nuestra oración, que es un tema importante en el evangelio de San Mateo. En un plano más existencial, yo personalmente creo que a los que Dios nos ha concedido la gracia de ser padres y que sabemos del amor impresionante que tenemos por nuestros hijos, aun en nuestra debilidad siempre buscamos y les damos lo mejor de nosotros. Si con este amor que a menudo no entendemos y que nos sobrepasa, pero aun así es limitado, "damos lo mejor" imagínate, Dios. Lejos, muy lejos de hacernos daño alguno. El Amor de Dios está muy por encima del amor humano; el amor que sentimos y profesamos por nuestros hijos en una pizca de amor comparado con el Amor que Dios nos tiene. Cuando las cosas van mal, cuando el sufrimiento de cualquier índole llega a nuestras vidas debemos saber que Dios sufre y se duele con nosotros.

El Salmo 34(33) es una Loa (una serie de alabanzas) a la justicia divina, es uno de los salmos escritos como un acróstico y describe como Dios quiere siempre bendecirnos y darnos lo mejor: el escucha al pobre, lo salva de sus angustias, a quienes lo "temen" nada les falta, no carecen de ningún bien, etc. Por otro lado, el versículo 22 hace una afirmación determinante que separa de Dios el castigo o la maldad: *El malo o malvado morirá por su maldad*, atención, no dice que Dios lo matará.

El pasaje de Deuteronomio 30, 15-19:

> *Mira que te he ofrecido en este día el bien y la vida, por una parte, y por la otra, el mal y la muerte. Lo que hoy te mando es que tú ames a Yahvé, tu Dios, y sigas sus caminos. Observa sus preceptos, sus normas y sus mandamientos, y vivirás y te multiplicarás, y Yahvé te dará su bendición en la tierra que vas a poseer. Pero, si tu corazón se desvía y no escuchas, sino que te dejas arrastrar y te postras ante otros dioses para servirlos, yo declaro hoy que perecerás sin remedio. No durarás largo tiempo en el país que vas a ocupar al otro lado del Jordán. Que los cielos y la tierra escuchen y recuerden lo que acabo de decir; te puse delante la vida o la muerte, la bendición o la maldición. Escoge, pues, la vida para que vivas tú y tu descendencia.*

Aquí, se nos presenta que solo existen dos caminos, no hay un tercero, o es el uno o el otro y el ser humano es quien escoge. Con un lenguaje claro de alianza nos presenta un Moisés calmado, y maduro preparando al pueblo para entrar en la tierra prometida. *Si escuchas los mandamientos de Dios vivirás y te multiplicaras, Yahveh te bendecirá...* cuando hay bendición en la vida se menciona el nombre de Dios porque ésta es una acción propia de Dios. Pero... *si tu corazón se desvía... no escuchas, te dejas arrastrar a otros dioses...* Moisés como todo buen profeta, es el mismo quien declara que: *Perecerán sin remedio y que no viviréis muchos días en la tierra que tomarás.* Es decir, lo segundo no tiene que ver con Dios, sino con la decisión del pueblo.

Algo parecido encontramos en el famoso pasaje del juicio final en San Mateo 25, 31-46. Se nos presenta este relato del Quinto Discurso Escatológico del evangelista, es como su gran final a los cinco discursos y del ministerio público de Jesús. Una vez más, solo dos opciones: O a la izquierda o a la derecha... no hay nada en medio. *Les dirá a los de la de la derecha: Vengan benditos de mi Padre... desde el principio está preparando el reino,* y evoca y contrapone el rol, la tarea, el ser y el quehacer de Dios en oposición a la del Diablo en San Juan 8, 44. Mientras tanto: *A los de la izquierda: aléjense de mí, malditos* (de quién, no dice nada). No vamos a encontrar al hijo hablando mal de su Padre, en la mayoría de las ocasiones o hace silencio o hace un discurso pasivo. El pasaje se centra en las obras de misericordia corporales que se hacen a los más pequeños que son el rostro o la imagen de Jesús.

En el Evangelio de San Lucas 9, 51-56 se nos narra cómo en el proceso de la misión, de la evangelización en un primer momento tanto Jesús como los discípulos encuentran resistencia en Galilea y ahora en Samaria, ante lo que los discípulos probablemente emulando la acción del Profeta Elías en 2 Re 1, 10.12 le preguntan a Jesús: *Señor, ¿Quieres que mandemos caer fuego del cielo para consumirlos?* Jesús los reprende como a algo que no viene de Dios, sino del demonio, mostrándoles que la venganza, aun con los enemigos, no es buena, Jesús deja claro que el Dios que el viene a predicar y en el reino que él viene a instaurar, -no hacemos eso.

Luego entonces, respecto a este punto tan importante analizando diferentes pasajes desde la analogía de la fe y el proceso progresivo de la revelación encontramos que este sufrimiento innecesario que padecemos los seres humanos a causa de nuestra debilidad y por apartarnos de Dios y su designio no tiene que ver en absoluto con un "Castigo de Dios", sino con las consecuencias de las decisiones y las acciones propias. Algunas consecuencias se padecerán en esta vida y según la doctrina del purgatorio, otras en la otra vida. Para entender esto de que todo acto siempre trae consecuencias que caen de alguna manera sobre aquellos a nuestro alrededor me gustaría poner de ejemplo el hecho de que cuando una persona asesina a alguien (un hombre, esposo, papá, etc.,) y luego se arrepiente sinceramente, éste será perdonado, pero las consecuencias de su acto quedan, es decir, ahora tenemos a una mujer viuda y unos hijos huérfanos y todo lo que esta nueva realidad implica para la familia afectada, las consecuencias no se pueden cambiar, ni con el arrepentimiento.

3. Los defectos de nacimiento y la muerte de un bebé en el vientre de su madre o al inicio de su vida

Respecto a los defectos de nacimiento y otros males o enfermedades que suceden a los pequeños. Es preciso que nos hagamos la siguiente pregunta para el discernimiento: ¿Quién gana con esta Situación? Porque a menudo el beneficiario (autor) es quien está detrás de esto. Si algo no trae vida, sino enfermedad y muerte es casi seguro que, o viene del ladrón y destructor de la vida, Satanás, o de nosotros al abrirle la puerta y dejarlo entrar.

A menudo cuando los niños mueren en el vientre o nacen y mueren pequeños quedamos física, emocional y espiritualmente muy vulnerables, y como en todo proceso de duelo, casi siempre tratamos de encontrar un culpable y tristemente la mayoría de las veces asumimos que es Dios, le colgamos el milagrito. Cuando una desgracia así sucede, pronto salta el porqué, lo mismo sucede en casos de catástrofes naturales debido a que nuestra imagen de Dios está distorsionada o es confusa. Le escuché este ejemplo al Padre Ssemakula y me pareció muy ilustrador, se los comparto: Imaginemos que yo trabajo de carpintero, en el oficio de la ebanistería y me decido a crear un mueble en el que invierto mucho tiempo y dedicación, no es un mueble más, es uno especial y único; además de ser de madera de la mejor calidad, está destinado a ser una pieza de arte por todos los detalles y cuidados que tengo con los acabados y detalles. Después de meses de trabajo lo termino y quedo fascinado con el resultado final... pero imagínate que después de admirarlo, tomo un marro y sin razón alguna de repente comienzo a destruirlo hasta que queda hecho pedazos... es tonto cierto, quiere decir que estoy loco... ¿Estoy loco verdad? No es posible, un proceder así no está bien, es irracional, deberían enviarme a un hospital psiquiátrico.

Y, ¿Por qué si le atribuimos a Dios tales acciones? Dios moldea en el vientre de su mamá un niño por nueve meses, alrededor de 6,480 horas de trabajo, lo va formando poco a poco; primero es solo como un huevecillo, le van brotando sus extremidades, le comienza a latir el corazón, y progresivamente comienza un desarrollo mucho más minucioso y detallado que el de cualquier mueble fino; si es niño o niña, sus facciones particulares, el desarrollos de sus órganos internos, de su cerebro, sus pies, sus manos, cada uno de sus deditos, sus huellas dactilares que lo harán único(a) y cuando está perfecto(a) o listo(a) imagínate que decide matarlo, ¿Está loco Dios o qué? Es preciso que tengamos claro, quién dice la Palabra de Dios que roba, mata y destruye: El ladrón (Satanás). Dios por otro lado, es siempre el dador de vida. Así que a descartar "la voluntad de Dios" en estas situaciones.

4. Respecto a los desastres naturales

La naturaleza de por sí, es poderosa en sus elementos y su proceso de desarrollo (devenir), ahora, si le agregamos las cuestiones de contaminación y todo lo relacionado al calentamiento global y nos damos cuenta que cuando la naturaleza se altera, termina causando grandes daños. En la encíclica del Papa Francisco, *Laudato Si* entendemos que la creación completa se afectó por el pecado como lo leemos en Rom. 8. 19-23: *...gime con dolores de parto.* Dios no tiene nada que ver con eso a menudo hemos sido nosotros mismos los que hemos ido destruyendo o causando esto:

> *No nos servirá describir los síntomas, si no reconocemos la raíz humana de la crisis ecológica. Hay un modo de entender la vida y la acción humana que se ha desviado y que contradice la realidad hasta dañarla. ¿Por qué no podemos detenernos a pensarlo? En esta reflexión propongo que nos concentremos en el paradigma tecnocrático dominante y en el lugar del ser humano y de su acción en el mundo.* (Cfr. Laudato Si #101).

Por otro lado, en el evangelio de San Marcos 4, 35-41 en el relato de la tempestad calmada leemos:

> *Al atardecer de ese mismo día, les dijo - Crucemos a la otra orilla-Ellos, dejando a la multitud, lo llevaron a la barca, así como estaba. Había otras barcas junto a la suya. Entonces se desató un fuerte vendaval, y las olas entraban en la barca, que se iba llenando de agua. Jesús estaba en la popa durmiendo sobre el cabezal. Lo despertaron y le dijeron - ¡Maestro! ¿No te importa que nos ahoguemos? - Despertándose, él increpó al viento y dijo al mar: - ¡Silencio! ¡Cállate! – El viento se aplacó y vino una gran calma. Después les dijo: - ¿Por qué tienen miedo? ¿Cómo no tienen fe? -. Entonces quedaron atemorizados y se decían unos a otros: ¿Quién es éste, que hasta el viento y el mar le obedecen?*

Este pasaje, aparte de ser espectacular, está lleno de significado, para nuestro fin, pero quiero que enfoquemos la atención en el hecho de la tempestad y su origen. ¿Quién la causó? Si la hubiese enviado Dios Padre, ahora resulta que el Hijo la detiene, ¿No les parece contradictorio? El pecado de Adán y Eva trajo consecuencias sobre toda la humanidad, pero además se ve afectada toda la creación... como encontramos en *Laudato Si* sigue padeciendo directa e indirectamente de nuestros pecados. Por eso también tenemos que la salvación en Jesús es total e incluye una dimensión cosmológica, el *Yo hago nuevas todas las cosas* del que está sentado en el trono de Apocalipsis 21, 5 es una buena noticia para toda la creación.

5. El sufrimiento "necesario" o la Cruz

El sufrimiento "necesario" es el costo que a menudo se tiene que sufrir por ser discípulo de Jesús aquí en la tierra – es lo que el mismo Jesús ha llamado: la cruz.

Por ejemplo, en San Mateo 16, 24 dice, *El que quiera venir detrás de mí (ser mi discípulo), que renuncie a sí mismo, que cargue con su cruz y me siga.* No se refiere a enfermedades, sino a las cosas que tenemos que pasar para que el mundo crea y reciba a Cristo. Es el sufrimiento que se "padece" a causa de creer, de seguir a Jesús. Los que llevan a Cristo al mundo serán confrontados. Jesús mismo experimentó rechazo y oposición a un nivel muy alto, sin embargo, no se retractó de su misión y por tal "el mundo" lo eliminó. Pero se convirtió al mismo tiempo en una luz de esperanza. Esto no era deseado por el Padre; lo que el Padre deseaba era la salvación (sino el Padre se convertiría en un asesino en segundo grado); lamentablemente no había otra alternativa. En San Juan 18, 37 dice: *He venido al mundo para dar testimonio de la verdad.*

Respecto a este sufrimiento nos menciona *Salvifici Doloris* en el numeral 20:

> *San Pablo habla de diversos sufrimientos y en particular de los que se hacían partícipes los primeros cristianos «a causa de Jesús». Tales sufrimientos permiten a los destinatarios de la Carta participar en la obra de la redención, llevada a cabo mediante los sufrimientos y la muerte del Redentor.*

Por lo que, el sufrimiento necesario tampoco es querido por Dios. Por el Bautismo nos convertimos en "otros cristos" y por tanto hasta el día de hoy en el proceso de instaurar el Reino de Dios, alguien "tiene que pagar el precio" por ejemplo, los misioneros que tuvieron o tienen que pasar un sin número de sufrimientos, hasta el martirio o la muerte como consecuencia directa de seguir y servir a Dios; entre estos hay un sin número de santos a través de la historia, por mencionar a algunos: San Damián de Molokai o más recientemente San Oscar Arnulfo Romero. El sufrimiento por cumplir la voluntad de Dios, asumido o elevado, siempre trae redención, este es pues, el costo de nuestra vida como cristianos (seguidores de Cristo) aquí en la tierra, y es la "cruz" que tenemos que cargar. Este sufrimiento los santos, aunque suene medio masoquista, lo "disfrutan", lo viven con gozo (Cfr. Hech 5, 41). En el numeral 23 de *Salvifici Doloris* a propósito de este sufrimiento encontramos la siguiente afirmación que es tomada a su vez de la segunda carta a Timoteo: «*Por esta causa sufro, pero no me avergüenza, porque sé a quién me he confiado*».

Y además, en el numeral 25 de *Salvifici Doloris* afirma que:

> *El mismo Redentor ha escrito este Evangelio (el del sufrimiento) ante todo con el propio sufrimiento asumido por amor, para que el hombre «no perezca, sino que tenga la vida eterna». Este sufrimiento, junto con la Palabra viva de su enseñanza, se ha convertido en un rico manantial para cuantos han participado en los sufrimientos de Jesús en la primera genera-*

ción de sus discípulos y confesores y luego en las que se han ido sucediendo a lo largo de los siglos.

6. Un sufrimiento misterioso

El sufrimiento como el de Job, Tobías y del ciego de nacimiento que encontramos en el capítulo nueve del Evangelio de San Juan es uno lleno de misterio que al final termina en bendición para el Justo. *Para que las obras de Dios se hagan visibles por medio de él* (Cfr. Jn, 9,3). El ahora Cardenal Raniero Cantalamessa, predicador de la Casa Pontificia desde San Juan Pablo II, respecto a este tipo de sufrimiento nos invita a analizarlo no por sus causas, sino por sus efectos; es decir por el bien que Dios es capaz de producir al final.

VII. Del Ser Humano

Respecto al sistema del ser humano como en el caso de Dios y del mismo Satanás hay algo que puede hacer y que no para de hacer mientras está en este mundo y nos referimos a DECIDIR, siempre está decidiendo. Así que, sin pretender hacer un estudio antropológico exhaustivo, en este capítulo le presentaremos cuatro puntos que creemos son muy importantes, a saber:

1. **Imago Dei - Creado a Imagen de Dios,**

2. ***Corpore et Anima UNUS* Cuerpo y Alma,**

3. **Creados interdependientes o vinculados,**

4. **Creados con Inteligencia y Voluntad.**

Iremos explicando cada uno de estos por separado para que queden lo más claros posible.

1. *Imago Dei* – creado a imagen de Dios

Significa que tu vida tiene propósito y significado (sentido) porque Dios te creo para ser como El mismo. *Imago Dei* significa que tu vida tiene un valor intrínseco, no simplemente por quién eres como persona (como individuo), sino por quién es Dios. Imago Dei significa que nuestra vida es sagrada por que EL ha impreso su imagen en ti.

En el CIC # 355 describe en cuatro características a las qué nos referimos cuando decimos que el ser humano ha sido creado a imagen de Dios:

> a. Ocupa un lugar único en la creación,
>
> b. En su propia naturaleza une el mundo espiritual y el mundo material,
>
> c. Es creado hombre y mujer,
>
> d. Se relaciona con Dios.

El ser humano es capaz de conocer a Dios y entrar en relación con El. Además. Esta imagen le hace persona, el ser humano no es algo, sino alguien, es capaz de conocerse, de poseerse, y de darse libremente y entrar en relación con otras personas.

Y finalmente, y tal vez por lo que el demonio le tiene envidia, Dios creo todo para el ser humano, *le diste el mando sobre las obras de tus manos, todo lo sometiste bajo sus pies.* (Cfr. Salmo 8)

2. *Corpore et Anima UNUS* – Cuerpo y Alma (Unidad Indisoluble)

Las Sagradas Escrituras usan los términos alma y espíritu de forma intercambiable: Al examinar el uso de **alma**, del hebreo *nefesh*, y del griego *psique*, que al latín pasó como, *anima*; y **espíritu** del hebreo *ruaj*, del griego *pneuma*, podemos ver que son palabras usadas de manera intercambiable. De cualquier forma, es importante entender que tal división es para mero estudio, ya que en realidad siempre están profundamente unidas en la persona concreta.

El Catecismo de la Iglesia Católica en los numerales 362-368 afirma que el ser humano es **Corpore et Anima Unus**, creado a imagen y semejanza de Dios, y en su totalidad es querido por Dios. En el numeral 363 afirma que el alma es lo más íntimo del ser humano, su principio espiritual. El espíritu y la materia no son dos naturalezas unidas, sino que su unión constituye una única naturaleza.

En el numeral 364 afirma:

> Por consiguiente, no es licito despreciar la vida corporal, sino, que, por el contrario, tiene que considerar su cuerpo bueno y digno de honra, ya que ha sido creado por Dios y ha de resucitar el ultimo día.

En la teología católica generalmente hablamos de dos partes y principios. En una teología más evangélica y de acuerdo también a otros exégetas basada en textos como el de 1 Tesalonicenses 5, 23 se sugiere que San Pablo expresa una constitución tripartita del ser humano. Aunque es más común la opinión de que cualquiera de los tres términos designa de alguna manera la totalidad de la persona bajo uno u otro aspecto. Cuando nos referimos al **espíritu** se identifica a la persona como criatura; cuando se utiliza **alma** se identifica a la persona como ser viviente; y cuando nos referimos como **cuerpo** se identifica a la persona como ser corporal o social.

Ahora es importante entender que mi parte espiritual hace muchas más cosas que orar; el espíritu es real, presente, es una parte muy importante de nuestra vida y valdría la pena preguntarnos qué es lo que pasa en este nivel-área de nuestra vida. Y la verdad es que casi no sabemos. Vivimos en una cultura que ha sobrevalorado todo lo relacionado al cuerpo (dietas, ejercicio, la cuestión de la apariencia exterior, las cirugías plásticas, etc.), y que ha dejado, por un lado, casi al olvido lo relacionado con nuestra parte espiritual.

Por lo tanto, no es suficiente con querer sanar la parte física-corporal, sino que tenemos que sanar la parte espiritual también. Porque lo que pasa en el espíritu afecta en el cuerpo y lo que pasa en el cuerpo afecta en el espíritu por la profunda unidad de la que gozamos. Basados en esto, podemos hablar de sanación espiritual o liberación y de sanación física, y de como la una y la otra están profundamente unidas. Cuando nos sanamos espiritualmente esto provoca que se desencadene una sanación en la parte emocional y física, dado que la raíz de la enfermedad en muchas ocasiones puede estar en el área espiritual. El ser humano está unido en cada una de sus partes, en realidad no podemos separar y alienar la una de la otra.

3. Creados interdependientes y vinculados (Unidad Natural).

En el CIC # 1936 afirma que:

> *Al venir al mundo, el ser humano no dispone de todo lo que es necesario para el desarrollo de su vida corporal y espiritual, necesita de los demás.*

Es decir que hemos sido creados vinculados a otros, y esto es bueno; pues, si un bebé viniera al mundo sin vínculos, ¿quién le va a cuidar? Dios en su infinita sabiduría, así lo dispuso. De hecho, esta vinculación en la especie humana es necesaria para la sobrevivencia.

Si bien, es cierto que en nuestra cultura occidental prevalece y se ha puesto mucho énfasis en el individuo y su relación como tal. También es cierto que toda construcción de la persona está relacionada con el lugar donde nació, creció y se desarrolló; nuestra persona habla de nuestros orígenes, somos, nos relacionamos y nos expresamos desde la familia en la que crecimos y a la que estamos profundamente vinculados. Yo soy como mi familia y no solamente en el aspecto físico, es decir en el cuerpo, soy como mi familia de muchas maneras.

En este sentido podemos afirmar que en relación con mi familia **soy miembro y dueño.** No solo soy miembro de mi familia al participar de muchas maneras de ésta y que por lo tanto lo que hace otro miembro me afecta ya sea positiva como negativamente; sino que en cierto sentido también soy dueño/a porque soy capaz de tomar decisiones que también pueden y de hecho impactan a los demás. En el siguiente capítulo trataremos de esto de una manera más amplia cuando hablemos del genograma y el sistema familiar.

a. Varias decisiones fundamentales de mi vida fueron tomadas por mi familia o por quien cuidaba de mi mientras crecía.

Las ocasiones que he tenido la bendición de compartir en las clases prebautismales, casi siempre sale la pregunta de por qué los católicos bautizamos a los bebés si estos no tienen conciencia y conocimiento de lo que están recibiendo. En la mayoría de los círculos cristiano/evangélicos cuestionan y se oponen a esta práctica milenaria de la Iglesia. El cantautor guatemalteco Ricardo Arjona (siendo evangélico él mismo), al inicio de su carrera compuso una canción que tituló: *Jesús verbo no sustantivo* en la que decía: *me bautizaron cuando tenía dos meses y no me avisaron, hubo fiesta, piñata y ni me preguntaron, bautízame tu Jesús...*, valdría la pena preguntarnos, realmente ¿A los 2 meses qué decisiones puede tomar cualquier ser humano? No puede, por lo que Dios en su sabiduría y su amor nos pone en manos de personas que ya han vivido y tienen experiencia. Ellos (nuestros padres) deciden muchísimas cosas (las vacunas, el lenguaje, la escuela, un sin número de costumbres) por nosotros cuando somos bebés. Con algunas de estas decisiones estamos de acuerdo y las hemos asumido con alegría y agradecimiento profundo; otras, puede ser que las disputemos sobre todo en la etapa de adolescencia. En psicología a este proceso se le llama auto diferenciación y consiste en asumir de entre aquellas cosas las que queremos hacer nuestras y continuarlas; y las que no nos gustan y deseamos desecharlas. De cualquier manera, no podemos negar la existencia y el impacto que estas cosas han tenido y tendrán en nuestras vidas.

4. Creados con Inteligencia y Voluntad (Libre Albedrío)

En su amor y misericordia Dios al crear al ser humano lo proveyó de inteligencia para buscar la verdad y la belleza, y de voluntad para buscar y realizar el bien. De acuerdo con el tema que estamos tratando, queremos enfocarnos por esta ocasión en la voluntad, de manera concreta en las cuestiones relacionadas con el libre albedrío. EL SER HUMANO SIEMPRE ESTÁ DECIDIENDO. Comencemos por afirmar que, *nada y nadie va a entrar, ni a realizar nada en mi vida, sin mi permiso.* Ni Dios omnipotente que quiere lo mejor para cada uno de nosotros siempre y fue capaz de morir en la cruz por nuestra salvación. Ni Satanás con todas sus artimañas y mentiras.

Nuestro libre albedrío es de alguna manera nuestra mayor bendición, pero cuando hacemos un mal uso o manejo de este o cuando no va de acuerdo con el plan de Dios, se puede convertir en el punto de todas las miserias humanas.

El ser humano es el centro y el culmen de todo lo creado, en el primer relato del Génesis encontramos que cuando Dios crea al ser humano declara que Él vio que ERA MUY BUENO. El Salmo 8, declara cómo Dios: *lo coronó de gloria y esplendor, le diste el dominio sobre las obras de tus manos, TODO LO PUSISTE BAJO SUS PIES.*

Los numerales del 1730 – 1738 del CIC tratan de la Libertad y la Responsabilidad. Afirman que *El ser humano es racional, y por ello semejante a Dios; fue creado libre y dueño de sus actos. San Ireneo de Lyon en su obra Versus Haereses dice que: Dios quiso dejarlo en manos de su propia decisión.* (Cfr. CIC #1730).

En 1 Tim. 2, 4 se afirma que *Dios quiere que todos los hombres se salven y lleguen al conocimiento de la verdad.* De hecho, Jesús vino y murió por TODOS, para que todos alcanzáramos la salvación, la vida en Dios. Sin embargo, como dijo San Agustín, *el Dios que te creó sin ti no te salvará,* (sanará, curará) *sin ti* (tu consentimiento).

Puede ser que en una misma calle o vecindario viva una santa y un ateo (o viceversa), las condiciones a su alrededor son semejantes de hecho para ambos de camino a su trabajo hay una Iglesia, para la santa en una parada en su diario vivir y para el ateo es un edificio más que pasa desapercibido; para uno Dios está y para el otro no. Esto lo toma Dios muy en serio, Él respeta al 100 por ciento nuestro libre albedrío. Si yo no quiero a Dios en mi vida, Él no puede hacer nada, pero sí lo quiero, Él va a hacer TODO. *Por el libre arbitrio cada uno dispone de sí mismo* afirma el CIC en el # 173.

En el evangelio de San Lucas, 18, 8 Jesús pregunta, *Cuando venga el hijo del hombre ¿Va a encontrar fe en este mundo?*– el contexto radica en esta invitación a sus discípulos a orar constantemente y a practicar la justicia, sin embargo, aunque Dios está al pendiente siempre de aquellos que lo claman, Jesús cierra esta parte de su discurso dejando está pregunta en el aire para resaltar una vez más que, aunque Dios quiere lo mejor para nosotros y está dispuesto a ayudarnos cada vez que lo busquemos, siempre depende de esta iniciativa del ser humano de buscarlo libremente.

Como encontramos en el numeral 1732 del CIC, *la libertad implica la posibilidad de elegir entre el bien y el mal y por tanto de crecer en perfección o de flaquear y pecar.* Por lo que, *todo acto directamente querido es imputable a su autor.* (Cfr. CIC # 1736). Desde Caín en Génesis 4,11, o en el mismo David en 2 Sam 12, 7-15 encontramos como el ser humano puede elegir el mal y sufre las consecuencias de sus decisiones, de su libre albedrío. En el CIC numeral 1738 encontramos: *la libertad no es algo meramente personal, sino que conlleva a los demás, no por ser libre puedo hacer lo que quiera.* Es decir que nuestras decisiones siempre de alguna manera positiva o negativa afectan a los demás, pero de eso trataremos más en el siguiente capítulo.

VIII. Del Genograma y el Sistema Familiar

El genograma es la representación gráfica de una estructura familiar multigeneracional (al menos tres generaciones) que, por medio de símbolos, registra información sobre los miembros de esa familia, sus relaciones y los diferentes patrones de conducta y otros aspectos en un momento determinado de su ciclo vital.

En nuestro caso concreto nos ayudará a entender situaciones relacionadas con nuestra familia tanto a nivel bio-genético, psicológico-emocional e incluso el espiritual. Para luego en oración ir cortando hábitos negativos, patrones, enfermedades y otras "ataduras" de nuestro pasado y presente familiar – el trabajo que realizaremos en este capítulo se complementará con las ataduras familiares de las que hablaremos en el siguiente capítulo sobre las puertas o puntos de acceso de Satanás en nuestras vidas.

1. Principios básicos sobre el genograma

Los problemas y los síntomas de una persona en un sistema familiar son el reflejo del grado de adaptabilidad de sus miembros dentro de un contexto total. Es decir, que las conductas de los diferentes miembros de una familia son complementarias o reciprocas.

Las familias se repiten a sí mismas. Lo que sucede en una generación a menudo se repetirá en la siguiente, es decir, las mismas cuestiones tienden a aparecer de generación en generación, a pesar de que las conductas puedan tomar una variedad de formas. Es muy famoso el ejemplo de la receta del Salmón o del Pavo que la familia iba repitiendo de generación en generación cortándole un gran pedazo y desperdiciándolo, porque "así era la receta de la bisabuela," afortunadamente la bisabuela aún vivía y pudo explicar que ella la comenzó a hacer así porque en su tiempo los hornos eran muy pequeños y no cabía ni todo el pavo ni todo el salmón. A veces, continuamos repitiendo conductas o costumbres sin preguntarnos si estas tienen esta u otra razón, si nos benefician o si son nocivas. El psiquiatra Murray Bowen, uno de los principales en desarrollar la teoría de sistema familiar, lo denomina transmisión multigeneracional de pautas familiares y bíblicamente lo encontramos en textos como el de Éxodo 34, 7:

El mantiene su amor a lo largo de mil generaciones y perdona la culpa, la rebeldía y el pecado; sin embargo, no los deja impunes, sino que castiga la culpa de los padres en los hijos y en los nietos, hasta la tercera y cuarta generación.

Cuando una persona en el sistema familiar actúa inmoralmente afectará a su familia directamente, dañando (a todos o a algún miembro de ésta) o indirectamente, enseñando (sobre todo a los hijos) en la vida de los demás integrantes. Por ejemplo, la violencia física y verbal de un esposo contra su esposa, afecta directamente a la esposa al ser violentada e indirectamente a los hijos que ven y van aprendiendo y asumiendo tales patrones. Otro ejemplo puede ser cuando la irresponsabilidad de un miembro de la familia perturba o afecta las tareas o responsabilidades de los demás. Por lo que, los eventos recurrentes en cualquiera de las partes que forman la familia no deben ser vistos como algo aislado o pasajero, sino como eventos interconectados de un sistema. El genograma incluye los sucesos nodales y críticos en la historia de la familia, en particular los relacionados con el "ciclo vital". Es por lo que, la historia familiar y los patrones de relación revelados en el genograma nos dan u ofrecen pistas importantes para encontrar, reconocer, aceptar y tratar aquellos problemas o situaciones difíciles que se desarrollan en la familia.

2. La herencia del engaño – El genograma de Jacob

En seguida, tomado del libro *Aun en las mejores Familias* de Jorge E, Maldonado y para ir entendiendo lo relacionado con el genograma les presentaremos el de la familia del patriarca Jacob y la historia de engaño de la que él será depositario de alguna manera.

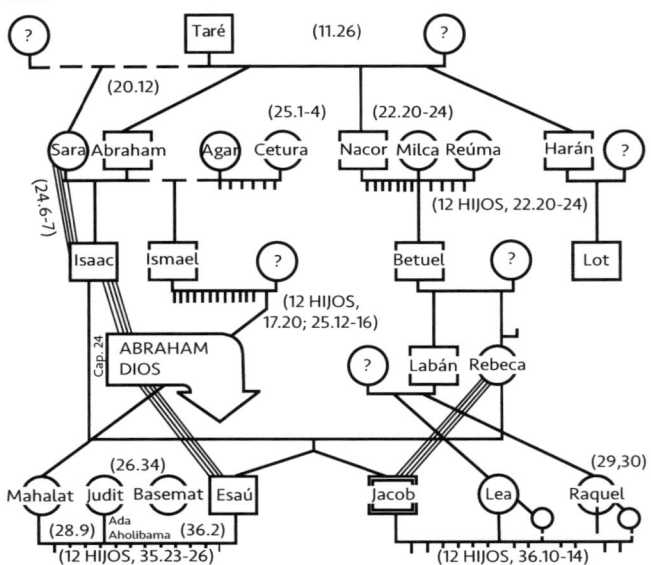

70

Este es el genograma de Jacob (véase el doble recuadro entorno al nombre de Jacob), tenemos cinco generaciones, tenemos en la parte superior a su bisabuelo Taré o Teraj que según Génesis 11, 26 fue padre de Abram, Najor y Harán. Además, con una segunda mujer Teraj tuvo una hija que se llamó Sara (Cfr. Gen 20, 12) que terminó casándose con Abram, siendo media hermana de Abram, este dato es importante porque el Patriarca Abram se echará una media mentira cuando bajen a Egipto (Cfr. Gen 12, 11-13) y lo mismo harán en Guerar (Cfr. Gen 20, 2-7) donde dirá que Sara es su hermana, negando que es su esposa para que no lo maten y quieran quedarse con ella.

Algo parecido sucede o se repite con su descendiente Isaac con Rebeca una vez que se encuentra en Guerar (Cfr. Gen 26, 6-7). La historia de la mentira o el engaño se repite de alguna manera y esta historia de engaño terminará depositándose en su hijo Jacob que del hebreo significa "el que agarra por el carcañal" que también se entiende como engañador, 'que se pasa de vivo' o tranza (dirían en chilango), quien con la ayuda de la mamá Rebeca terminará haciéndole honor al significado de su nombre, engañará a su padre para quedarse o robarle la bendición que le correspondía a su hermano Esaú (Cfr. Gen 27). Por miedo a su hermano, tendrá que salir huyendo rumbo a la casa de su tío Labán que ahora será el que terminará engañando a su sobrino (acá aplica el dicho de "al tranza, lo tranzan) ya que después de trabajar para él por siete años para darle a su hija Raquel como esposa, termina entregándole a la hermana mayor Lía (Cfr. Gen. 29, 25); ahora sí que "le dio gato por liebre", lo engañó por lo que terminará trabajando otros siete años más para su tío para poder también recibir a Raquel como su esposa.

Después de ser engañado y engañar también a su tío con el ganado, al parecer Jacob entra en sí y se da cuenta de su falta y decide regresar para pedirle perdón a su hermano Esaú. En su camino de regreso en Gen 32, 23-33 encontramos una lucha-batalla misteriosa que dura toda la noche y que termina con Jacob pidiéndole a aquel ser que le cambien el nombre y deja de ser Jacob 'el engañador' para, de ahora en adelante, llamarse Israel que significa, 'fuerza de Dios'

3. Elaborando nuestro propio genograma

En seguida le presentamos los valores y símbolos que se utilizan en el genograma de manera que podamos armar el de cada uno de nosotros para que nos ayude de manera visual a encontrar los patrones o ataduras familiares que hay en nuestro sistema y así poder orar por cada uno de éstos en la Paraliturgia o Servicio de Oración (Página 141).

Primero atendiendo al género y al sujeto principal del genograma:

Sujeto principal

Mujer   Hombre   Mujer   Hombre

Para representar una separación en un matrimonio colocamos una línea como lo vemos en la siguiente relación; también puede apreciar que el hombre se casó con esta mujer cuando tenía 22 años y se separó cuando tenía 28.

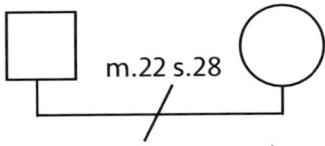

Para representar un divorcio en un matrimonio colocamos dos líneas y siguiendo el ejemplo anterior encontramos que después de separarse a los 28, se divorció a los 40.

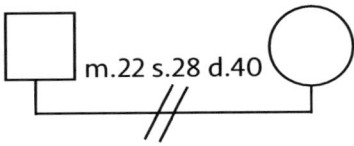

Para representar una unión libre o relación fuera del matrimonio dibujamos una línea descontinuada. En esta de la parte de abajo tenemos que comenzaron a vivir juntos cuando él tenía 39 años.

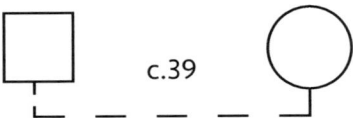

Para representar varias relaciones o matrimonios vamos agregándolas a la izquierda. En el ejemplo de abajo tenemos que este hombre se casó a los 55 con la mujer más próxima a él y se divorció a los 59; a los 60 se casó con la segunda mujer y se divorció a los 70; a los 80 se volvió a casar (con la tercera mujer y se separó a los 83... y ¡anda buscando su siguiente victima!

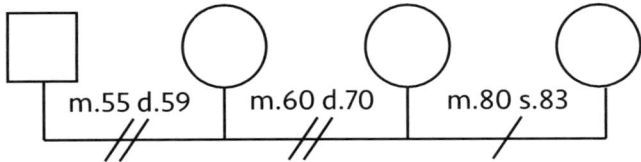

Como todos cuentan, les presentamos los siguientes valores:

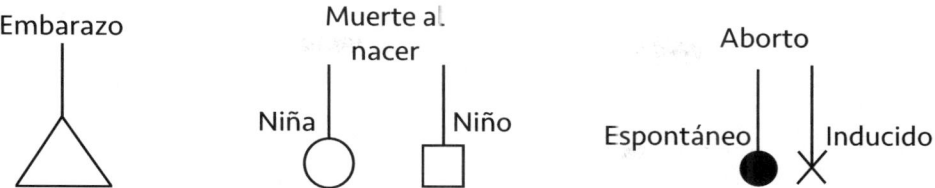

Para representar cuando hay un vínculo emociona.-espiritual, aunque no sea sanguíneo se usa una línea suspendida:

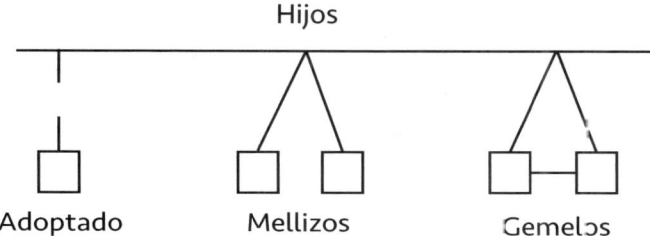

Enseguida encontramos los valores para los diferentes tipos de relación entre los miembros de la familia:

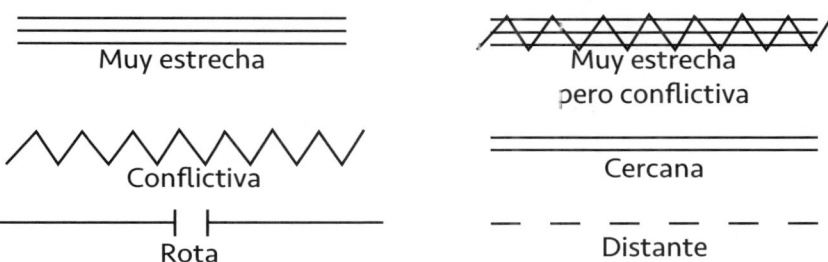

Y para ordenar a los miembros de una familia los colocamos de la siguiente manera: Papá (abuelo – bisabuelo a la izquierda) y la Mamá (abuela, bisabuela) a la derecha. Los hermanos se colocan en orden descendiente de nacimiento de la izquierda a la derecha:

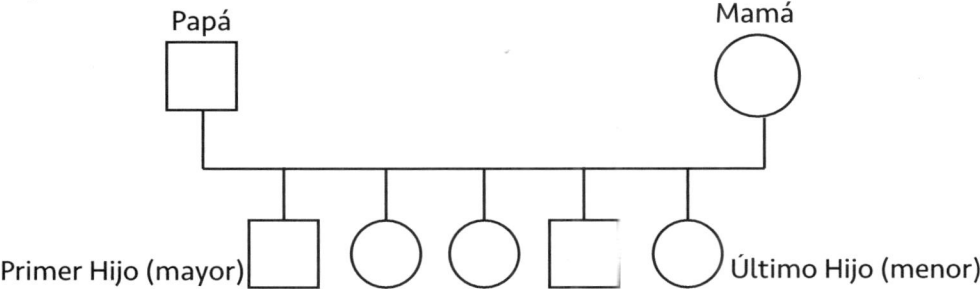

4. El genograma de Eugenio

La finalidad de presentar el genograma de Eugenio Sr. es para apreciar los aspectos descriptivos de la persona además de ir ubicando los diferentes patrones de conducta (violencia, suicidio, infidelidad, abuso), las enfermedades físicas (cáncer, hipertensión, diabetes, etc.), psicológicas (depresión, esquizofrenia), y por supuesto, los espirituales (brujería, hechicería, supersticiones, culto a la santa muerte, prácticas de la nueva era, adivinación, limpias y todo tipo de ocultismo) de los cuales hablaremos con más calma en el siguiente capítulo, en la puerta o punto de acceso que hemos llamado "el mundo de lo oculto." Es importante que entendamos que no se trata de señalar a cierto miembro de la familia como el origen de la maldad, puesto que siempre tenemos cierta responsabilidad de nuestros actos, también puede ser que tal familiar sea víctima de alguna manera. Lo importante es entender que lo que hizo mi abuelo por el vínculo que tenemos me afecta a mí, y lo que hago yo también afecta o afectará a mis hijos.

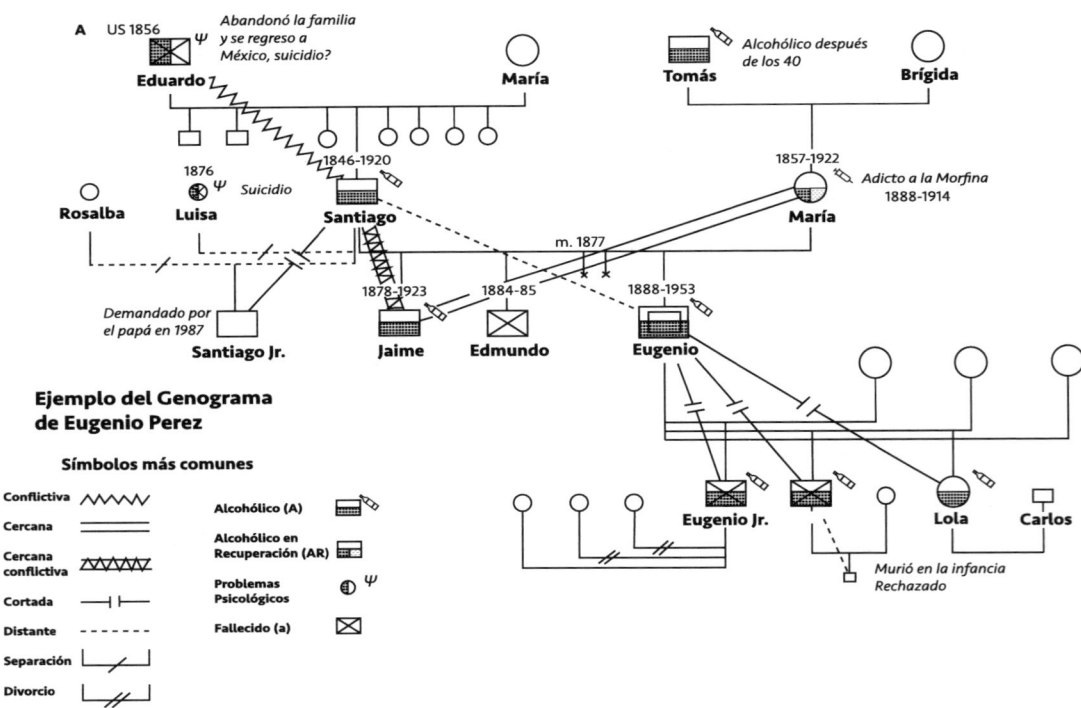

IX. De Satanás y sus Estrategias

Y ahora tenemos el sistema del Maligno, conforme a su nombre y naturaleza, todo lo que hace es malo y lo hace SIEMPRE.

1. Satanás existe y nos acecha

C.S. Lewis escribió lo siguiente:

> Hay dos errores equivalentes y opuestos en los que nuestra raza puede caer respecto a los demonios. Uno es no creer en su existencia. El otro consiste en creer y sentir un interés enfermizo y excesivo hacia estos personajes. Los propios demonios se alegran de ambos errores, y saludan a un materialista o a un hechicero con el mismo gusto. (Cfr. The Screwtape Letters, New York: Haper-Collins, 1961, prefacio).

Creo que es importante no caer en ninguno de los dos extremos que nos menciona C.S. Lewis. En nuestros días se da una tendencia mayor a la negación que a la sobre afirmación.

Dentro de la iglesia encontramos las dos posturas: Están los que niegan o racionalizan. Algunos teólogos han llegado a afirmar que:

> HEMOS HECHO FIGURAS SIMBÓLICAS, COMO EL DIABLO, PARA EXPRESAR EL MAL. Los condicionamientos sociales también representan esa figura, ya que hay gente que actúa así porque está en un entorno donde es muy difícil hacer lo contrario.

Por otro lado, en el CIC # 2851 respecto a la última parte del Padre Nuestro, Y líbranos del MAL(O) afirma que:

> En esta petición "el mal" no es una abstracción, sino que designa una persona, Satanás, el Maligno, el ángel que se opone al designio de Dios. El Diablo ("día – bolos") es aquel que "se atraviesa" en el designio de Dios y su obra de salvación cumplida en Cristo.

En el capítulo sobre los fundamentos bíblicos y teológicos sobre algunos de los temas más importantes que compartimos en este libro, les mencionaremos otros documentos respecto a la existencia real de Satanás.

En 1 Pe 5, 8-10 leemos:

> *Sean sobrios y estén siempre alerta, porque su enemigo, el demonio, ronda como un león rugiente, buscando a quien devorar. Resístanlo, firmes en la fe, sabiendo que sus hermanos dispersos por el mundo padecen los mismos sufrimientos que ustedes.*

La vigilancia constante es un tema recurrente en el Nuevo Testamento, esta idea la encontramos expresada de varias maneras: *Estén alertas, despiertos, sobrios, prevenidos, tengan cuidado* en 1 Pe 1,13; 1 Tes 5,6. Mt 24,42. Lc 21, 34-26 ente otros.

La idea que nos expresa la 1ra Carta de Pedro, *"Como león rugiente..."* una vez más como está hablando de realidades espirituales utiliza el comparativo "como," pero nos damos cuenta de que éste es también lenguaje de persecución y muerte. El hecho de que los cristianos están siendo perseguidos, arrojados en el circo romano a ser devorados por los leones, presenta una idea horrorosa pero muy real para ellos.

El demonio entra por engaños y generalmente nos hace guerra a través de nuestra mente, es ahí el campo de batalla contra nuestro enemigo, utiliza el miedo, la duda, la ansiedad; Dios por el contrario obra en la tranquilidad, la paz, la certeza, la confianza, etc.

El 15 de noviembre de 1972, el Papa San Pablo VI dijo que *lo que la iglesia necesita de forma prioritaria hoy en día es defenderla del demonio.* El Padre Don Javier Luzón exorcista español y autor del Libro *"Las Seis puertas del enemigo – Experiencias de un exorcista"* señala que la misión de Jesús de manera concreta radicaba en instaurar el Reino de Dios y entre algunos de los aspectos esenciales era enseñarles acerca de la reconciliación y el perdón de los pecados. Pero, para demostrar que Jesús no era solo un inspirado más, Jesús pasó realizando lo que ningún ser humano puede hacer: derrotar a los espíritus inmundos y sanar de manera milagrosa. Ahora algunos profetas del antiguo testamento como Elías y Eliseo hicieron milagros, pero no expulsaron demonios.

Lucifer y sus ángeles son una realidad en el mundo espiritual, y aunque están vencidos y condenados al infierno, no obstante, siguen haciendo daño a todo aquel que se acerca a ellos y les da la oportunidad de actuar en sus vidas. La Palabra de Dios nos enseña que no debemos temer al diablo, pero sí cuidarnos de sus ataques y estratagemas, a la vez que nos instruye para que le reprendamos en el Nombre de Jesús, por el cual podemos ejercer autoridad sobre sus huestes espirituales de maldad.

Respecto al argumento que a menudo brota cuando hablamos sobre el maligno y si este fue creado por Dios, porque algunos infieren que indirectamente se le puede atribuir a Dios tal calamidad, el CIC # 391 afirma lo siguiente:

> *"Diabolus enim et allii daemones a Deo quidem natura creati sunt boni, sed ipsi perse facti sunt mali"* El diablo y los otros demonios fueron creados por Dios con una naturaleza buena, pero ellos se hicieron a sí mismos malos. (Concilio de Letrán IV, año 1215: DS, 800).

Este libro tiene la finalidad de con la gracia y el poder de Dios no solo ayudarle a sacar al enemigo de su vida y la de los suyos, en el Nombre de Jesús, sino capacitarlo para estar al pendiente y cuidar de no tener abierto ningún acceso por donde se pueda colar una vez más. Una de las tareas principales después de aceptar el amor y la ayuda de Dios es cerrar y mantener cerrados todos los accesos. De ahí también la importancia de continuar orando y recurrir a todos los medios de la gracia que nos ofrece Dios. Se trata de apartarnos del demonio y acercarnos a Dios, por nosotros y los nuestros.

2. Estrategias de ataque de Satanás

Ahora presentaremos las principales estrategias que utiliza satanás para acercarse al ser humano y hacerle daño:

a. La primera es la INFESTACIÓN

Y ésta puede afectar principalmente a lugares (casa), objetos-amuletos (que se caen o se mueven de lugar) o a las plantas y animales; aunque su finalidad última sea la persona concreta. (Cfr. Mc 5,11-13).

Las siguientes son las que afectan a las personas,

b. La segunda es la TENTACIÓN

La cual es una provocación para hacer aquello que Dos nos ha prohibido. Aquí el enemigo estudia bien aquellas áreas donde somos débiles y luego nos seduce para desobedecer al Señor ofreciéndonos un apetitoso y venenoso manjar que terminará apartándonos de la vida de la gracia y nos alejará de la presencia de Dios exponiéndonos aún más a su acción.

c. La tercera es la OBSESIÓN

Que es **un ataque desde afuera de la persona hacia su mente,** haciéndole pensar permanentemente, y hasta soñar, con un objeto(s), persona(s) o situación(es) que en apariencia lucen agradables, placenteras y deseables. Es un bombardeo a la mente con pensamientos obsesivos, absurdos o incluso blasfematorios de los que no puede de ninguna manera alguna deshacerse. Provocan en la víctima un estado de encerramiento sobre sí misma y de desesperación que puede llegar incluso hasta el intento de suicidio o el querer matar o hacerle daño a alguien.

d. La cuarta es la OPRESIÓN O VEJACIÓN

La cual consiste en un ataque desde afuera de la persona hacia su salud, sus finanzas, su familia y su vida espiritual con tormentos. Estas agresiones pueden ser crueles. Es el caso de Job que no estaba poseído sino gravemente golpeado en sus hijos, sus bienes y su salud (Job 1 y 2); o de la mujer encorvada (Lc 13,1-17); o del ciego de nacimiento (Mt 12,22). Al cura de Ars – San Juan María Vianney este ataque le venía en la noche, le pegaban una paliza para que no se pudiera levantar a continuar su ministerio. A San Pío de Pieltrecina le sucedía algo semejante. Según la experiencia de algunos exorcistas, luego el Señor les concede a estos santos un poder particular de intercesión contra los demonios.

e. Y finalmente está la POSESIÓN

Que es la acción más grave del demonio y sucede cuando un espíritu maligno o varios espíritus toman posesión del cuerpo de una persona y asumen control de éste y lo/a hacen actuar o hablar bajo su control sin que la persona pueda resistirle (Cfr. Mc 5, 1-20). Las manifestaciones son evidentes, pues el poseso puede hablar con una voz que no es la suya, desarrollar una fuerza y unas habilidades asombrosas, hablar otras lenguas, rechazar todo lo santo y hasta decir blasfemias contra Dios.

X. De los Puntos de Acceso

Todas las miserias humanas se encuentran y llegan a nosotros y a los nuestros por alguno de los puntos de acceso que presentaremos en este capítulo, la clave está en cerrarlos, no podemos dejar ni uno abierto. A menudo, algunos ministerios han hecho bastante buen trabajo cerrando uno o dos accesos en sus retiros y otros medios que ofrecen para la sanación de la persona; pero dejan abiertos otros y por ahí, astutamente se vuelve a colar a nuestras vidas. En este libro estamos tratando de, en el Nombre de Jesús, echarle fuera y cerrar todo acceso posible. En la oración hablamos en plural, NOSOTROS te invitamos, pero YO te quito, yo TE SACO, yo CANCELO, aquellos acuerdos que HICIMOS y que han causado en mi familia en esto y esto y esto. Si no se le ha dado permiso, él no puede estar; y porque usted es su familia, decimos en plural "nosotros te invitamos", y por ser parte de este sistema familiar declaro "yo te quito por la autoridad espiritual recibida por medio de las gracias sacramentales y como verdadero hijo de Dios". Algunos exorcistas, entre ellos el P. Gabriel Amorth, de hecho, se han preguntado por qué después de un trabajo arduo de exorcismos que puede tardar años en algunos pacientes, los demonios vuelven a entrar.

Respecto a esto, el Padre y Exorcista español Javier Luzón nos refiere al libro de Nehemías, el cual, nos habla que después de haber regresado del exilio, primero Zorobabel (537), luego Esdras (458) habían reconstruido sus casas y el templo, pero las murallas estaban abiertas algunas puertas habían quedado destruidas totalmente por el fuego, por lo que los Samaritanos seguían molestando a los habitantes de Jerusalén (eran objeto de escarnio Cfr. Neh. 2, 17). Tenemos que cerrar todos los puntos de acceso, no podemos dejar ni uno abierto. Nehemías con el apoyo del Rey Artajerjes III se dio a la tarea de reconstruir las murallas y cerras las puertas. ¡Santo Remedio!

Tanto el padre exorcista español Javier Luzón, como el padre Yosefu Ssemakula de Kampala, Uganda y el padre Ghislain Roy Canadiense (entre otros) abordan el tema de las puertas o puntos de acceso de satanás. Enseguida presentamos un cuadro comparativo y después profundizaremos sobre cada uno de estos.

P. Ssmekula	P. Roy	P. Luzón
1. Faltas de perdón 2. Relaciones Enfermizas 3. Ocultismo 4. Ataduras Familiares	1. Los pecados 2. Las Prácticas ocultas 3. Las heridas del seno materno 4. El mundo que vivimos	1. El pecado 2. El ocultismo 3. El rencor / faltas de perdón 4. Las heridas en el seno materno 5. Las ataduras ancestrales 6. Las maldiciones o maleficios recibidos

1. El pecado

Tanto el P. Ghislain Roy, como el P. Don Javier Luzón Peña y muchos exorcistas presentan al pecado como una primera manera, puerta o punto de acceso del que se vale Satanás para entrar en nuestras vidas, apartándonos de Dios para hacernos daño.

El término pecado viene del griego - **Hamartía** - que quiere decir: **"No dar en el blanco" o "no atinar"** y entendemos esta idea de errar de no dar con el propósito para el que fuimos creados. En el CIC numeral 1849 lo define como:

> *Una falta contra la razón, la verdad, la conciencia recta; es faltar al amor verdadero para con Dios y para con el prójimo, a causa de un apego perverso a ciertos bienes. Hiere la naturaleza del hombre y atenta contra la solidaridad humana. Ha sido definido como "una palabra, un acto o un deseo contrarios a la ley eterna.*

A resaltar la idea de *un apego perverso a ciertos bienes* que no son los que realmente hacen feliz al ser humano, sino le desvían de estos y que, *hiere la naturaleza humana*, es decir, va contra nosotros mismos de alguna manera, pero también contra los demás, *y atenta contra la solidaridad humana*. El pecado nos lleva a romper con Dios, con nosotros mismos, con los demás y con la misma naturaleza o resto de la creación. En el numeral 1850 el CIC agrega que:

> *Es una rebelión contra Dios por el deseo de hacerse "como dioses", pretendiendo conocer y determinar el bien y el mal (Gen 3, 5). El pecado es así "amor de sí hasta el desprecio de Dios" (San Agustín, De Civitate Dei, 14, 28).*

Interesante la definición de San Agustín, quien desde su experiencia existencial de haberse apartado de Dios para buscar sentido y felicidad afirma en una de sus obras más importantes, La Ciudad de Dios, que es: *Amor de sí hasta el desprecio de Dios.*

El pecado nos aparta de Dios, de la vida de la gracia y por ende nos hace visibles a los demonios y a su acción; por lo que siempre es necesaria la conversión continua. El P. Don Javier Luzón Peña afirma que: e*n todo proceso de sanación espiritual o liberación tenemos que cuidar la vida espiritual del interesado.* Por lo que, siempre hace falta poner orden en la vida cristiana pues hay ciertos pecados, especialmente graves que abren las puertas al enemigo para que ataque a la persona que lo ha cometido.

El Sacramento de la Reconciliación es sin lugar a duda nuestra arma principal para renunciar y apartarnos del pecado. En todo proceso de sanación y liberación la confesión juega un papel fundamental, la necesidad de que haya sacerdotes que puedan ofrecer estas gracias a los que buscan la paz y la salud del cuerpo y del alma es vital.

Cuando la persona no quiere arrepentirse, o no colabora, aún nos queda la trinchera de la intercesión para que pueda abrir su corazón a Jesucristo. Santa Mónica es el perfecto ejemplo de esto, nunca tiró la toalla de su hijo San Agustín.

2. El rencor o las faltas de perdón

En 2 Cor 2, 11 encontramos la siguiente advertencia de San Pablo que refiriéndose a la necesidad de perdonar al que ofendió, cierra con esta declaración, ***...para que satanás no saque ventaja de nosotros, ya que conocemos bien sus intenciones.*** – el texto luego entonces nos invita a perdonar para no darle entrada a Satanás.

La falta de perdón (rencor) es uno de los puntos de acceso favoritos del demonio, porque nos inhabilita a vivir plenamente la vida de Dios y recibir su gracia. La falta de perdón funciona como una pared muy fuerte contra la gracia de Dios. Está comprobado que cuando las personas guardan mucho rencor y no perdonan se enferman más fácilmente; diferentes estudios han comprobado que las personas enfermas que no perdonan tienen más complicaciones con su salud o procesos de sanación más lentos, algunos de hecho, mueren más pronto. En el evangelio para resaltar la importancia del perdón, Jesús nos invita a perdonar siempre, 70 veces 7 (Cfr. Mt 18, 21-11).

a. Las heridas en el seno materno

Aunque tanto el P. Ghislain Roy y el P. Don Javier Luzón Peña la presentan como un punto de acceso en concreto, me parece que podemos tratarlas en este punto ya que será el perdón lo que traerá reconciliación y sanación a éstas.

A veces llevamos heridas tan profundas, que se pueden haber generado desde el seno materno o en los primeros años de vida a causa del rechazo o el abandono, estas heridas llevan a que las personas no se acepten, no se amen, a que siempre piensen que sobran; cuando se casan sienten que su marido/mujer no los ama. Viven con profundas tristezas, no conciben vivir en paz, algunos piensan en el suicidio, nunca están a gusto consigo mismo(a), por más que la gente a su alrededor le expresa cuánto los quiere no les creen, viven con una coraza que rechaza el amor; mientras no sea sanada esta(s) herida(s), se pueden convertir en refugio o cueva para espíritus de rechazo que agudizan la actitud de cerrarse a cualquier amor honesto y genuino. Varios exorcistas incluyendo el P. Don Javier

81

Luzón Peña afirman que: *estas heridas pueden permitir ciertas infestaciones que le hacen fácil al demonio venir a amarrar a la persona de alguna manera.*

b. El perdón nos sana y nos libera

La clave para cerrar este punto de acceso es PERDONAR. Pero para esto debemos entender que el primer beneficiario del perdón soy yo porque me libero, la pared cae y comienza a llegar la gracia de Dios a mi vida. El perdón no es un sentimiento, es una decisión. Yo decido cuando perdono. Cuando perdonas puede haber dolor, pero ahora cuentas con la gracia y Dios te irá sanando. En ocasiones es fácil confundir el perdón con la reconciliación, y si bien, las dos cosas son buenas, estas discurren o se dan de forma separada. El perdón depende de mí, la reconciliación depende de los dos. Si el otro no decide dar su propio paso pues continua con su problema lo que me toca a mí es honestamente perdonar o pedir perdón y ya. Ahora, no tengo que ir a informar a la persona que ya lo perdoné. Hay gente que nos hace cosas y no lo saben o ya se les olvidó. No estoy obligado a anunciar mi perdón.

Otra trampa para echar abajo esta pared es cuando nos decimos que vamos a perdonar cuando la persona en cuestión se disculpe, cuando haga algo, tal o cual cosa. Cuando comienzo a poner condiciones, el que convenció a la persona para ofenderme es el mismo que ahora me está pidiendo que ponga condiciones. El Señor Jesús nos pide solo perdonar.

En el Anexo #1 (página 129) está el cuestionario, éste nos ayudará a ubicar de alguna manera todo lo relacionado con perdonar. Bajo este aspecto del perdón es importante traer a todas las personas o situaciones que directa o indirectamente me han hecho daño para poder perdonarlas; incluyendo a la persona que más daño me haya hecho. Tan importante como perdonar, es pedir perdón a aquellos a los que nosotros hemos causado algún daño abuso. Además, es importante perdonarnos a nosotros mismos por lo que hemos agregado un espacio donde puede escribir las situaciones, pecados graves por los que me sigo culpando de alguna manera y perdonándome de una vez por todas poner esto a los pies de la cruz de Jesús para que sea destruido. Es importante poner el nombre o una inicial en su defecto, si quiere que quede entre usted y Dios, pero cuando hagamos la oración sí es importante mencionar (así sea en su interior) los nombres de todas las personas a las que necesita perdonar o pedir perdón. También hemos agregado en el #2 una lista de posibles abusos, traumas y/o heridas que pudiese haber sufrido usted o algún miembro de su familia cuando eran niños y que han causado adoptar ciertas mentiras en mi mente acerca de mí mismo, de los demás e incluso del mismo Dios.

3. Relaciones malsanas o enfermizas

Hay por ahí un dicho popular que reza así: *el que a buen árbol se arrima, buena sombra le cobija,* para resaltar la bendición de contar con personas en tu vida que te hacen mejor y te acercan a Dios, pero hay otro que resalta lo opuesto, *dime con quién te juntas y te diré quién eres* que a menudo se refiere a la influencia negativa que pueden traernos ciertos vínculos con personas que más bien nos dañan.

Este segundo punto de acceso apunta a las relaciones enfermizas que terminan formando vínculos negativos, pueden ser con amigos, exnovios, exesposo/a, extraños, clarividentes o personas con las que realizamos cualquier practica ocultista, etc. Toda relación espiritual negativa también de alguna manera es habitada por el maligno y bloquea la acción, la gracia y la sanación de Dios en nuestras vidas, por lo que es necesario renunciar a los vínculos negativos creados por éstas.

En 1 Cor 15, 33. San Pablo invita a los Corintios a que: *No se dejen engañar - las malas compañías corrompen las buenas costumbres* y lo hace en un contexto en el que les está hablando de la resurrección, que es fundamento de nuestra esperanza. Es decir, que hay mucho en juego, la misma vida eterna en Dios, por eso nos alerta a discernir muy bien con quién creamos vínculos porque algunos de éstos terminarán separándonos de la vida de Dios.

Por otro lado, en 1 Cor 6, 15ss dice:

> *No saben que, al someterse a alguien como esclavos para obedecerle, se hacen esclavos de aquel a quien obedecen, sea del pecado que conduce a la muerte, sea de la desobediencia que conduce a la justicia.*

En este pasaje el apóstol de los gentiles les está invitando a una vida nueva, por lo que es necesario liberarse del pecado y de aquellos vínculos que los esclavizan y conducen a la muerte.

a. ¿De qué tipo de relaciones estamos hablando?

- **De Dependencia y Control.** Relacionado con pertenecer o formar parte de bandas delictivas, logias, clubs, cultos secretos, etc. A estos es importante renunciar y cortar todo vínculo con el grupo y con la persona o personas que me indujeron a estos.
- **De Abuso.** (Verbal, Físico, Emocional o Sexual). Puede referirse a la persona que me abusó o a quien yo abuse de cualquiera de estas formas.

- **De Manipulación o Dominio.** Puede ser que me hayan manipulado o dominado o que yo lo haya hecho con alguien y se ha generado un vínculo negativo al que necesitamos renunciar.

- **De Duelo Prolongado.** Mientras que el duelo es un proceso normal y natural cuando se ha perdido un ser querido, Suele pasar que éste se alarga de manera indefinida haciendo de la vida del sobreviviente algo miserable porque no podemos soltar del todo a aquella persona que amamos y extrañamos profundamente. A la larga el mantenernos aferrados puede estar relacionado con un vínculo espiritual negativo que es necesario cortar.

- **De Unión Sexual Ilícita o Adulterio.** A menudo pensamos que solo "estuvo envuelta la parte genital" pero no es así por lo que decíamos en el capítulo sobre el ser humano, que; lo que pasa en el cuerpo afecta en el espíritu siempre, porque al final somos una persona, un todo. En mi tiempo acompañando matrimonios varias ocasiones me ha tocado que después de un análisis exhaustivo de por qué no está funcionando la relación y no encontrar nada en la historia de la pareja misma, cuando nos remontamos a relaciones anteriores a la de su esposo o esposa hubo otras muy importantes que marcaron a la persona y que, de alguna manera, psicológica y espiritualmente siguen incidiendo en la relación actual. Esto me ha llevado a concluir que realmente aquellos vínculos del pasado siguen afectando la mayoría de las veces negativamente en el presente.

- **Pornografía.** (Internet, revistas, películas, libros, strip clubs o table dance, etc.) En estudios recientes se ha descubierto cuán adictiva es la pornografía y cómo es de alguna manera también progresiva y degenerativa, hay personas que fueron expuestas o se expusieron a ésta muchos años atrás y siguen padeciendo el daño causado a nivel mental y en su vida sexual actual, al final del día detrás de las imágenes hay personas concretas, por lo que es importante renunciar a ésta de manera determinante y explícita.

En el Anexo #1 (página 129) está el CUESTIONARIO y el número o apartado #3 hay un alista detalla de relaciones enfermizas que pudiesen haber causado vínculos dañinos y posteriormente un espacio para poner los nombres o las iniciales de las personas con las que haya estos vínculos y que necesitamos renunciar a estos de una vez y para siempre.

4. Ataduras o cadenas generacionales

De acuerdo con la experiencia de los que se han enfocado en el estudio de este punto de acceso, es uno de los que alcanza a muchos en el sistema familiar y está presente por mucho tiempo.

Debemos entender a lo que nos referimos con ataduras familiares ya que el término ha tenido cierta mala interpretación. (Ver el capítulo IV sobre la Sanación Familiar Intergeneracional). Nosotros nunca somos responsables de los pecados de nuestros antepasados esto es muy importante que lo entendamos. Pero, puede ser que haya algunos pecados de mis ancestros que tal vez no fueron confesados y las consecuencias de éstos sí pueden causar daños en nuestro árbol genealógico, ya sea creando predisposiciones a cosas de tipo oculto o a la ira-cólera, la infidelidad, la depresión, la ansiedad y otros problemas psiquiátricos. En la oración que proponemos (Ver Anexo #3 en la página 141), nos erigimos como portavoces de los vivos y de los que ya fallecieron de nuestro árbol genealógico y le pedimos perdón a Dios por todo lo que hemos y ha podido hacer mi familia y que iba en contra de los mandamientos o disposiciones de Dios, y que tal vez al morir no pudieron pedir perdón por ello. La sangre de Jesús puede y sana tu árbol genealógico pues como afirma el libro del profeta Isaías 53, 5 en el cuarto poema del siervo sufriente:

> *Él fue traspasado por nuestras rebeldías y triturado por nuestras iniquidades. El castigo que nos da la paz recayó sobre él y por sus heridas hemos sido sanados.*

Como mencionamos en el capítulo VI y VII, las cosas nos ocurren como familia, no solo como individuos. Hay situaciones que suceden porque alguien de mi sistema familiar tomó una decisión (buena o mala), y ahora yo tengo toda esta "carga" espiritual positiva o negativa, lamentablemente muchas veces no nos damos cuenta de que la estamos cargando hasta que es muy evidente. Por ejemplo, hay personas que sin buscarlo tienen ciertos poderes ocultos y pueden detener una hemorragia, eliminar un dolor; tienen un "don" sin saber cuál es su origen y que les ha sido transmitido a través de las generaciones. En una ocasión compartiendo un seminario, un señor joven me compartía que tenía este tipo de experiencias y su esposa lo corroboraba. A menudo, cuando se escarba, se encuentra su origen en prácticas ocultas de sus antepasados. El problema es que su origen es de ocultismo y muchas veces también terminan teniendo una tendencia natural a indagar o meterse en cosas o prácticas ocultas.

Por el sacramento del Bautismo se nos borra el pecado original o de manera más concreta nos quita la culpa como lo entendemos en el CIC # 404:

> *Todo el género humano es en Adán "sicut unum corpus unius hominis" como el cuerpo único de un único hombre. Por lo que, en esta 'unidad del género humano' todos estamos implicados en el pecado de Adán, como todos estamos implicados*

en la justificación en Cristo el nuevo Adán. Sin embargo, la trasmisión del pecado original es un misterio que no podemos comprender completamente. Es llamado pecado, de manera análoga con el pecado personal, pero es un pecado contraído, no cometido, un estado, no un acto.

Luego en el # 405 nos dice algo que es clave acerca del tema que estamos tratando:

*El Bautismo, dando la vida de la gracia de Cristo, borra el pecado original y devuelve al hombre a Dios, **pero las consecuencias por la naturaleza, debilitada e inclinada al mal, persisten en el hombre y lo llaman al combate espiritual.***

Punto que es retomado en el #1264:

*No obstante, **en el bautizado permanecen ciertas consecuencias temporales del pecado, como los sufrimientos, la enfermedad, la muerte o las fragilidades inherentes a la vida como las debilidades de carácter, etc.,** así como una inclinación al pecado que la Tradición llama concupiscencia, o metafóricamente fomes peccati: «La concupiscencia, dejada para el combate, no puede dañar a los que no la consienten y la resisten con coraje por la gracia de Jesucristo. Antes bien "el que legítimamente luchare, será coronado" (2 Tm 2,5)» (Concilio de Trento: DS 1515).*

El padre Ssemakula cuenta en su seminario que una de las formas como se fue dando cuenta de estas ataduras familiares fue administrando el Sacramento de la Reconciliación; en el que de tanto escuchar en personas concretas el mismo pecado frecuente que sobrepasaba las fuerzas y la voluntad del penitente, comenzó a sospechar que se trataba de una atadura y se fue dando cuenta que las gracias de la confesión se aplicaban al pecado, pero no a la atadura y fue entonces que comenzó a hacer oración de batalla espiritual, para romper ataduras y a recomendarles que hicieran lo mismo para que pudieran liberarse. La sorpresa fue que empezó a perder poco a poco a sus penitentes frecuentes o que éstos dejaban de confesar aquel pecado que habían cometido por mucho tiempo, además que progresaban en la vida de la gracia y eran personas más felices porque al fin estaban libres de algo con lo que en el pasado no habían podido.

a. La solución de ayer es mi problema de ahora, la historia de Pepe y sus hijos...

Otra historia que escuché en el seminario y me pareció muy iluminadora es la de Pepe el banquero y sus dos hijos Pedro y Pablo. Pues resulta que Pepe recién casado consiguió un buen trabajo en el banco local que le remuneraba lo suficiente para vivir en ese momento; al paso de los años nacieron sus hijos, primero Pedro y luego Pablo, pero con estas incorporaciones a la familia también vino un buen ascenso y un mejor sueldo que le permitía ofrecer una vida digna a su familia, tenían un casa modesta pero de buen tamaño y contaba con todo lo que necesitaban, tenían un automóvil que le servía para el trabajo y para algunas veces salir de vacaciones con su esposa y sus hijos, nunca les faltaba comida en la mesa, les iba bien.

Pero sus hijos crecieron y cuando estaban por graduarse de la preparatoria ambos escogieron un par de universidades que ahora si estaban por encima de los recursos con los que contaba Pepe. Decidió comentarlo con uno de sus compañeros de trabajo a quien le tenía mucha confianza para pedirle consejo sobre si tramitaba un préstamo por medio del banco. Aquel amigo le dijo a Pepe – ¿Estás loco? Tú sabes mejor que nadie lo altos que están los intereses y que si algún día terminas de pagar el préstamo habrás pagado muchas veces más el monto que recibiste - Le sugirió que hiciera lo que "muchos" trabajadores del banco habían hecho, con ciertas maniobras desviar el dinero que necesitaba para la universidad de sus hijos por el tiempo que lo necesitara y cuando ya no pues reacomoda todo, que él se lo merecía por tanto que le había dado al banco todos sus años de trabajo y que bueno, no sería el primero, ni el último en hacerlo.

Después de darle muchas vueltas en su cabeza, Pepe decidió tomar el dinero del banco como lo sugirió aquel amigo que prometió nunca lo delataría, pues el mismo ya había hecho algo semejante. Pasaron los años de universidad, tanto Pedro como Pablo se graduaron con honores de sus carreras, Pedro de Ingeniero Civil y Pablo de Abogado, por su grados académicos y buenas recomendaciones de sus maestros pronto consiguieron buenos trabajos los dos; Pedro en una constructora de renombre y bien consolidada y Pablo en uno de los mejores bufetes de abogados en la región.

Pedro era muy destacado en su trabajo y poco a poco fue ascendiendo, se casó, con su esposa tuvieron un niño y una niña, la vida profesional y laboral de Pedro fue viento en popa hasta llegar a los puestos más altos en la constructora, tenía una casa impresionante, varios vehículos, viajaba de vacaciones al extranjero seguido con su familia, en fin, no le podía ir mejor.

Su hermano Pablo también al inicio le iba muy bien en su profesión, pero en un caso que estaba llevando en el que había muchas cosas irregulares, alguien de la misma firma le levantó un falso, el caso se vino abajo y era muy importante para la firma, terminaron corriendo a Pablo; en ese tiempo se casó tuvo un par de niñas con su esposa, pero a partir de que lo despidieron su vida profesional y laboral se fue de picada, no le querían dar trabajo en ningún lado, trató de practicar por su lado y terminó metido en un lío que casi le quitan la licencia, tenía muchos problemas para mantener con lo más básico a su familia, sufrieron mucho terminó trabajando en todo y en nada le terminaba yendo bien; cuando estaba a punto de morir Pepe, llamó a su hijo Pablo y entre una de las cosas que hizo fue pedirle perdón porque él pensaba que la causa de su desgracia era aquella decisión que había tomado cuando necesito dinero para pagar su universidad.

Una mala decisión puede hacer que se abra un acceso y una vez que el enemigo o ladrón está dentro esperará para ver dónde se cobra o dónde comienza a hacer daño. A menudo, nosotros nos quedamos en lo material, no podemos ver lo espiritual. Pepe murió, pero quedaron Pedro y Pablo, el demonio entró en su sistema familiar por la decisión libre que hizo Pepe, pero afectó a todo su sistema. Si bien es cierto que sus hijos no sabían nada de esto y que son inocentes, el demonio aun así hace de la suyas porque no es el pecado de Pepe, sino la consecuencia de este. LA SOLUCION DE AYER, ES EL PROBLEMA DE AHORA. Tenemos que identificar la raíz de la atadura para poder cortarla desde ahí y así poder reanudar el camino.

En seguida les presentamos algunos "tipos" de ataduras y ejemplos de estos:

a. **Las ataduras relacionadas con las circunstancias de vida.** éstas suceden en casos como cuando nadie o casi nadie se ha casado en una familia y muchas veces no es por gusto; otra es cuando alguien o varios en la familia no pueden tener hijos pero no nos damos cuenta porque nos vemos solo como individuos; otras como no conseguir trabajo a pesar de tener las cualidades y cumplir con los requisitos o que el dinero se les va como agua entre las manos, nunca les rinde, cuando logran tener un dinerito por junto, algo sucede para gastar el dinero; además de problemas de herencia, situaciones de ruina entre otras más.

b. Las relacionadas con las **enfermedades o padecimientos mentales o psicológicos.** Por ejemplo: Esquizofrenia, bipolaridad, paranoia, perfeccionismo, narcicismo, etc.

c. Las relacionadas con las fobias, miedos o rechazos. Por ejemplo: a la obscuridad, a los lugares públicos, a las agujas, las tormentas, etc.

d. La relacionadas con **los hábitos nocivos, adicciones y otros comportamientos negativos,** por ejemplo: al alcohol, las diferentes drogas, las relacionadas con la comida y las conductas. Con comportamientos negativos nos referimos a las mentiras compulsivas, cuando en la familia hay muchos que son muy rencorosos, el adulterio de uno o varios miembros de la familia, el entrar en relaciones enfermizas o toxicas una y otra vez, la amargura, la venganza, la cleptomanía o robar, los pecados sexuales, aquí también podrían entrar el abuso sexual que sucede a varios miembros de una familia y luego se repite en la siguiente generación y cuando se escarba, se descubre que lleva ahí bastante tiempo y algunos pensarán que son cosas que nos pasan a todos o a la que nos vemos tentados la mayoría, pero cuando hablamos de atadura se trata de una lucha continua por que las ocasiones que se les presentan son muchas más que a otras personas que no tienen tal inclinación o atadura.

e. Las relacionadas con las **enfermedades físicas, crónicas, raras.** Por ejemplo: cáncer, diabetes, problemas cardiacos, reumatismo, deformidades, alergias, etc.

f. Las relacionada con **muertes raras, inesperadas o violentas.** Por ejemplo: suicidio, ahogarse, en accidente automovilístico, y/o envenenamiento. Para ilustrar un poco presentamos lo que ha sucedido con la familia Kennedy, los accidentes, los suicidios y homicidios en las diferentes generaciones que la componen. Entre estas tenemos también donde mueren los niños al nacer o en una edad concreta y sucede cada cierto número de años; es importante indagar qué es lo que está pasándonos como familia.

g. Las relacionadas con ser diferentes (por ejemplo: color de la piel, tamaño del cuerpo, la raza, por defectos físicos. Etc.)

h. Otras...

Es importante indicar todas las ataduras que apliquen en todo mi sistema familiar. Si hay alguna que no aparece en la lista, puede también agregarla para en la oración poder renunciar y cortar con estas en el Nombre de Jesús.

El Padre Gabriel Amorth respecto a cómo contrarrestar las ataduras familiares decía algo que me parece muy sabio y que debemos resaltar una y otra vez, *Nosotros debemos tener una conversión verdadera a Cristo Jesús.* Y de eso vamos a hablar en el último capítulo.

5. El mundo de lo oculto

De acuerdo con varios exorcistas y personas que se dedican al ministerio de la liberación, de entre los demás puntos de acceso probablemente el efecto del ocultismo sea el más potente y el más extensivo tanto de manera personal como en la familia.

Cuando hablamos de ocultismo nos referimos a lo que está escondido, que no percibimos, que no es evidente y Satanás mientras se mantenga oculto podrá seguir actuando. Ahí actúa de una manera libre y este esconderse o disfrazarse lo hace más complicado. Satanás nos atrae hacia algo que al menos en apariencia es bueno (como la miel a las abejas), utiliza un "bien aparente" que no va a durar a través del tiempo y poco a poco, muchas veces sin darte cuenta te va amarando, afectando tu mente y tu corazón, cuando menos lo piensas ya estás bajo su poder.

San Agustín afirma que necesita haber algo para iniciar la acción de los demonios en nuestras vidas (como para un incendio es necesario el fuego). Algunas formas de iniciación implícitas en nuestros tiempos son el espiritismo[20], la clarividencia, los horóscopos, la magia de cualquier color, la brujería o hechicería, la invocación de ciertos entes en prácticas relacionadas con energías, entre otros. Todas estas cosas fascinan a las personas por los poderes que conceden para controlar ciertos eventos, personas, situaciones etc.

El CIC # 2116 condena todas estas prácticas afirmando que:

> *Todas las formas de adivinación deben rechazarse: el recurso a Satán o a los demonios, la evocación de los muertos, y otras prácticas que equivocadamente se supone "desvelan" el porvenir (Cfr. Dt 18, 10; Jr 29, 8). La consulta de horóscopos, la astrología, la quiromancia, la interpretación de presagios y de suertes, los fenómenos de visión, el recurso a "médiums" encierran una voluntad de poder sobre el tiempo, la historia y, finalmente, los hombres, a la vez que un deseo de granjearse la protección de poderes ocultos. Están en contradicción con el honor y el respeto, mezclados de temor amoroso, que debemos solamente a Dios.*

Algunos textos bíblicos que nos hablan del tema:

En Lev. 19, 26b Yahveh le pide al pueblo, *No practiquen la magia, ni la adivinación,* en este capítulo sobre ciertas reglas morales y rituales, encontramos en concreto ésta que les prevenía de ciertas costumbres que tenían sus vecinos como la adivinación y la magia por las que buscaban secretos divinos o controlar ciertos eventos.

En Deut 18, 9-12:

---

20. Respecto al espiritismo, es importante que entendamos que a los muertos hay que dejarlos descansar; mandarles a hacer misas y rezar por ellos es bueno, pero las sesiones espiritistas, son malas, si participas en una de estas puedes terminar afectado por estas cosas.

*Cuando entres en la tierra que el Señor, tu Dios, te dará **no aprendas a practicar las abominaciones que cometen esas naciones.** Que no haya entre ustedes nadie que inmole en el fuego a su hijo o a su hija, ni practique la adivinación, la astrología, la magia o la hechicería. Tampoco habrá ningún encantador, ni consultor de espectros o espíritus, ni evocador de muertos. Porque todo el que practica estas cosas es abominable al Señor, tu Dios, y por causa de estas abominaciones, el desposeerá a esos pueblos delante de ti.*

Un mensaje de advertencia contra las desviaciones culturales dirigido a los profetas; en el que queda claro cómo actúa Dios en contraste con las formas inapropiadas de los Cananitas.

Cuando hablamos de cosas ocultas hay algunas que se han vuelto obvias, que las conocemos como la hechicería, brujería, magias, supersticiones, pero hay otras que no son obvias, que no conocemos – son las nuevas del mercado, muchas de tipo médicas o terapéuticas que de alguna manera les hacen más peligrosas, porque muchas veces la gente no sabe dónde se está metiendo (Cfr. Óseas 4, 6), tales como la astrología y los horóscopos, el yoga, la cartomancia y todo tipo de adivinación, los médiums, cierta música o ciertas películas con una tendencia satánica o ritualista y actualmente varias practicas orientales.

La Nueva Era (New Age) es toda una revoltura, en la que muchos piensan que ciertas prácticas, terapias o ritos son compatibles con la fe cristiana y no lo son, de hecho, me van alejando de ésta. Las energías de las que se quiere estar llenando tienen profundas raíces en el budismo, el hinduismo; la cuestión de los chacras o los puntos energéticos. Algunos sacerdotes afirman que mientras estos accesos estén cerrados y con una vida sacramental y de oración estarás bajo la protección de Dios, pero que cuando se abren quedas expuesto a la presencia y el trabajo del demonio. El yoga en todos sus tipos, la palabra significa unión, los sonidos se hacen para invocar deidades, no es solo un ejercicio físico y de relajación, sino un ejercicio espiritual, así fue creado. Hay un boom de estas prácticas en nuestros días porque muchos actores y cantantes famosos los practican.

En esta misma línea tenemos las cuestiones del mantra, el feng shui para armonizar la casa y las "energías" que una vez al final terminas atrayendo "otras cosas" que provocarán a la larga conflictos familiares, dolores de cabeza, depresiones severas, etc.

Según el Padre Ghislain Roy, un sacerdote católico de la Diócesis de Quebec en Canadá entre una de las practicas más nuevas esta la Sofrología[21] que, de hecho,

---

21. La Sofrología es una escuela científica, que tiene como objetivo el estudio de la consciencia y la conquista de los valores existenciales del ser. Fue fundada por el médico neurop-

muchos profesionales la practican. El fundador Dr. Alfonso Caycedo ahora está hundido en depresión. Una vez más, se habla de niveles de conciencia que se quieren alcanzar en una combinación con estas "energías". El Dr. Caycedo estuvo en contacto con muchas cosas en Tíbet, también indago en el Macumba y el Vudú; al final hace una combinación de estas prácticas. El sacerdote francés Joseph Marie Verlinde que vivió en la India por unos 20 años antes de estar en el Seminario y nos explica cómo funcionan todas estas cosas (el yoga, las terapias con energías, etc.). Después de dejar la India se fue a Bruselas donde estuvo haciendo sanaciones con ayuda de "ciertos ángeles" y entes que se invocaban y que terminaron manifestándose como demonios. Este Sacerdote tuvo que llevar un proceso difícil de 15 exorcismos que duró aproximadamente dos años. Ahora se dedica a advertir a la gente de los peligros de estas prácticas.

Hay en realidad un sin número de prácticas de la Nueva Era. En febrero del 2003 el Consejo Pontificio de la Cultura en unión con el Consejo Pontificio para el Diálogo Interreligioso emitió un documento llamado *Jesucristo portador del agua viva, una reflexión cristiana sobre la Nueva Era* en el que trata el tema extensamente.

Sin pretender agotar el tema, me he dado a la tarea de presentarles algunas de estas prácticas,: la lectura del aura, la devoción de los "ángeles"[22], el curso de "milagros", la lecturas con los libros, con las piedras, con las cartas del tarot, el elefante que trae prosperidad, los "dioses de la india", el sobarle la panza a Buda, ciertas figuras egipcias, muchas de las cuales compramos como decoración, la gran mayoría son "dioses" de esas culturas, el Reiki (Rei=Universal y Ki que representa la energía vital) es una práctica oculta, una búsqueda de cierta "energía" en el cosmos, para el "bienestar", una relajación; la cosa es que no es una energía neutra, es oculta y llama a los demonios, su fundador Mikao Usui practicaba el ocultismo. Otras más como: la curación con el péndulo, la terapia regresiva, la dianética, el control mental, cierto trabajo con las constelaciones familiares, las terapias de reestructuración... y la lista puede continuar.

Respecto a todas estas prácticas es preciso hacer siempre un buen discernimiento, que indaguemos dónde nos estamos metiendo, cuando vaya a comprar algo

---

siquiatra Dr. Alfonso Caycedo en 1960 en Madrid. La palabra Sofrología viene de las raíces griegas: SOS (equilibrio), PHREN (psique) y LOGOS (estudio). Etimológicamente significa el estudio de la consciencia en equilibrio. La Sofrología es una disciplina que utiliza técnicas de relajación y de imaginación como medio para el desarrollo del bienestar psicofísico del ser.

22. Respecto a la devoción a los ángeles el P. Joseph Marie Verlinde nos relata que fue introducido a la invocación a los ángeles sanadores que lo justificaban con pasajes bíblicos, como el del libro de Tobías en el que se menciona al Arcángel San Rafael. El continuó con las prácticas sanadoras con las ayudas de estos "ángeles"; hasta que mostraron su rostro verdadero en un Santa Misa en Paris a la hora de la elevación – comenzaron a blasfemar contra Jesús. Después de una larga guerra de dos años y 15 exorcismos fue liberado de estas entidades.

o a hacer alguna terapia nueva que le parezca un poco sospechosa, indague. En ocasiones tiene que ver con la persona que lleva acabo la "terapia" o "sesión" que puede estar metida y haciendo cosas ocultas. Algo que pasa al experimentar este tipo de terapias es lo que han llamado como "Desplazamiento de los Síntomas" y que es interpretado como cierto bienestar temporal pero que pronto regresan y la persona tiene que regresar a otra, y otra, y otra sesión. El problema es que con el paso del tiempo se van agregando más síntomas como: dolores de cabeza, vómito, problemas digestivos, ansiedad, depresión, resistencias a lo sagrado, etc.

a. La magia y los maleficios

Consciente o inconscientemente, con intención o sin esta, las personas son invitadas a entrar en el mundo de lo oculto, ya sea que comiencen a usar las velas de colores, a darse "una limpia", a poner tal o cual cosa (objetos de superstición como: la herradura, la trenza de ajos, el cuarzo, el buda, el elefante con la trompa hacia arriba, la plantita de bambú, hacerle un altar a la "santa" muerte, etc.) en sus casas, o en sus negocios, o nuestros jóvenes son introducidos a jugar la guija, el Charlie, Charlie, el juego de la ballena azul y otros retos que los introducen a un mundo obscuro y peligroso. De ahí, luego comenzamos a pagar para que nos hagan "trabajos" pero terminamos pagando mucho más de lo que nos imaginamos en los daños espirituales que nos sucederán a nosotros y a nuestras familias. Tengamos claro que TODO tipo de magia le pertenece a satanás, no hay brujas buenas, son brujas todas, invocan entidades diferentes pero el que está detrás siempre es el mismo, Satanás. Cuando las personas por cualquier circunstancia, incluso en medio de la desesperación, se meten en cualquier tipo de magia lo único que están haciendo es empeorando su situación porque están pisando terrero de Satanás; en seguida les presento los diferentes tipos de magia tomado del libro *Los Objetos Troyanos – el enemigo oculto entre nosotros* de Juan de María.

- **La Magia Blanca**, se le ha asignado este color para engañarnos contraponiéndola a la negra; entre las prácticas de este tipo de magia tenemos a la Santería, el Espiritismo, la Adivinación, el uso de los Ángeles. Un ejemplo de ésta se nos presenta en la película y el personaje conocido como Harry Potter, quien utiliza las fuerzas de lo oculto y del mal para producir un bien. Entendamos, nunca se puede utilizar a Satanás para liberarnos de él.

- **La Magia Verde**, se relaciona con la prosperidad y las cuestiones económicas, entre estas tenemos las practicas relacionadas con la suerte y la buena fortuna.

- **La Magia Roja**, relacionada con las cosas "del amor", con manipular los sentimientos de las personas causando enamoramientos fortuitos (maleficios). Trabajos o maleficios para separar parejas o de amarre, de atadura o encantamiento sentimental, rituales para ataduras sexuales, etc.

- **La Magia Amarilla**, relacionada con las enfermedades inducidas o el desplazamiento de los síntomas de algunas enfermedades, entre estas prácticas tenemos las energías místicas, los chacras, el poder mental para la auto curación, entre otros.

- **La Magia Azul**, relacionada con la búsqueda de conocimiento arcano y de las potencias espirituales y mentales del ser humano, entre sus prácticas más comunes tenemos la clarividencia, lo relacionado con el eneagrama, la lectura del aura, la telepatía y otras.

- **La Magia Negra**, es tal vez, la más maléfica porque tiene la intención de siempre causar un mal o daño serio a la persona o la muerte de cualquier manera posible, entre las practicas más comunes de esta tenemos el Vudú, la Magia Satánica, la llamada Goetia y la magia Salomónica.

b. Todo tipo de superstición

El uso de todo tipo de amuletos, tales como: el ojo de venado, el listón o hilo rojo, la sábila trabajada, ajos con moños rojos, los talismanes, los cuarzos, el 'evil eye', los llamadores de ángeles, los atrapa sueños, collares de la santería, la mano de 'Fátima", las máscaras, hasta algunos artículos religiosos "mal usados," etc. Las costumbres como tocar madera, protección contra el mal de ojo, en enterrar a San José para vender la casa, el poner a San Antonio de cabeza para conseguir novio, el llamar a las líneas psíquicas que me crean una atadura espiritual a través de esa persona.

En el Anexo #1 (página 129) en el CUESTIONARIO y en el número o apartado #5 encontraran una lista bastante extensa sobre diferentes prácticas ocultistas, le invitamos a seleccionar todas aquellas que apliquen a usted o a cualquier persona en su árbol genealógico para poder renunciar a todo esto de una vez y para siempre.

6. El poder de nuestras palabras y las maldiciones

Cerramos este capítulo hablando de las maldiciones de la que hacen mención directa o indirecta la mayoría de los recursos que consultamos para este trabajo. Arranquemos reconociendo que la palabra dicha tiene un poder en ella y un impacto real en la vida de las personas a las que nos dirigimos. Leyendo recientemente un "post" del P. Jesús Lizalde de la parroquia de Nuestra Señora de Guadalupe en Baytown, TX., decía lo siguiente: *A las palabras no se las lleva el viento. Cada palabra destruye o edifica, hiere o cura, maldice o bendice.*

Recientemente (Noviembre-Diciembre 2021) estuve tomando clase de Hebreo Bíblico en la Universidad Católica de Santo Tomás en Houston, TX., y cuando analizamos la palabra BERAKAH – BERAKOT = Bendición – Bendiciones, el profesor P. Dempsey Rosales se detuvo y explicó algo que me pareció importante agregar en este inciso sobre las maldiciones. Basado en varios pasajes de la Escritura, pero principalmente en Génesis 27, en el que Jacob suplanta a Esaú en la bendición paterna; luego que Esaú pide la bendición a su padre (versos 30-40), Isaac ya había dado la bendición y, por lo tanto, ya no puede dársela; de aquí la importancia y el alcance que tenía esta. *La bendición es como una extensión; en la bendición doy-comparto algo de mí*, decía el P. Dempsey, en el Antiguo Testamento no es algo ligero, sino de suma importancia y relevancia. La cuestión o el problema es que algo análogo sucede con la maldición también tiene un alcance bastante amplio.

En el primer relato de la creación (sacerdotal) con el que la Biblia abre el telón, encontramos que con solo decir algo Dios es capaz de traer eso a la existencia. La palabra que se usa en hebreo es *DABAR* y se refiere a este poder que tiene Dios de crear con su palabra: *Dijo Dios haya luz y hubo luz.* La Palabra de Dios es creadora, Dios habla y siempre sucede algo.

De manera análoga sucede con la palabra del ser humano, cuando habla sus palabras tienen un efecto. En el Nuevo Testamento en la carta de Santiago dedica todo el tercer capítulo para hablarnos de la lengua y su poder; afirma que con ella bendecimos y con ella maldecimos. Dios nos ha confiado el poder de bendecir, en 1 Pe 3, 9 encontramos lo siguiente: *No devuelvan mal por mal, ni injuria por injuria: al contrario, retribuyan con bendiciones, porque ustedes mismos están llamados a heredar una bendición.*

Relacionado a esto, podemos afirmar que los padres de familia tienen un poder grande con respecto a sus hijos. La razón por la que Dios nos da este poder es para que bendigamos en todo momento. ¿Cuántos padres y cuan frecuentemente bendicen a sus hijos? Encontraremos que no estamos usando este poder lo suficiente, sino que, al contrario, a menudo cuando nuestros hijos no hacen lo que esperamos de ellos o cuando por una u otra situación perdemos los estribos y enojados comenzamos a maldecirlos. Hace unos años fuimos de vacaciones junto con otras familias del ministerio Nazareth a las playas de Destin, Florida y cuando estábamos haciendo la compra en el supermercado para toda la semana que íbamos a estar ahí, cuando nos estábamos bajando del carro en el estacionamiento escuché gritos de discusión cerca. Era una familia que estaba haciendo lo mismo que nosotros (bajando de su carro) y los gritos de reclamo eran de una joven que permanecía dentro del carro en lo que la mamá bajaba de éste y abría la cajuela para sacar una silla de ruedas que necesitaba para desplazar a su otra hija que también permanecía en el auto y que tenía una discapacidad que no le permitía moverse o desplazarse por sí misma. La hermana que se estaba quejando y que no tenía ningún impedimento gritaba algo así como: - *¿Por qué siempre tenemos que estar llegando tarde a todo?* - como quejándose de su hermana y del rito que tenían que realizar cada vez que llegaban a un lugar. Mientras cruzábamos y nos alejábamos de aquella escena familiar escuché que la mamá frustrada y un tanto enojada con los reclamos de su hija, le decía: - *Ojalá que un día tengas una hija como tu hermana, para que sepas por lo que tengo que pasar ahora.* Entiendo totalmente la frustración de la mamá con su hija, pero en ese momento estaba lanzando una maldición muy pesada sobre su hija.

A menudo, en nuestra frustración y enojo algunos padres les decimos a nuestros hijos frases como: *tú siempre serás un perezoso o tú nunca haces las cosas bien*, una y otra vez y resulta que luego el hijo pasa de fracaso en fracaso, no puede mantener un trabajo estable o encuentra mucha dificultad para realizar cosas por sí mismo(a).

O sucede también cuando la mujer ya cansada de que su marido deje su ropa tirada en cualquier parte de la casa y le dice frases como: *tú nunca serás una persona ordenada,* pasan los años y el marido resulta ser un desordenado toda la vida. O cuando al inicio del matrimonio le dice algo como: *tú no cambiarás nunca* y llevan 50 y qué crees... no ha cambiado.

En ocasiones hay personas que se maldicen a sí mismos(as) con frases determinantes como: *Siempre seré tímido, o yo nunca voy a salir de pobre, o nunca seré valiente* y eso termina sucediendo.

Tanto el Padre Ghislain Roy como el P. Ssemakula afirman que el maligno no puede maldecir al ser humano. El maligno no tiene palabra, si habla, lo hace en palabras humanas. Si tuviera el poder de hacerlo, ya nos hubiera maldecido a todos, pero sabe quién tiene tal poder, por eso viene y nos tienta a maldecir a nuestros hijos. El maligno se aprovecha de lo que tenemos y de lo que no conocemos. El maligno toma lo que decimos y muy en serio. El demonio toma las maldiciones y con ellas luego amarra a la persona en situaciones de miseria y desgracia. Por eso, ¡bendiga siempre! Porque, opuesto a Satanás, Dios toma las bendiciones y éstas terminan sucediendo en nuestra vida. Yo, personalmente recuerdo agradecido a un sacerdote en el seminario en mi adolescencia que me dijo varias bendiciones respecto a mi vida académica; hace unos años me lo encontré y le agradecí diciéndole, *hace muchos años me bendijo al decirme, y eso se volvió realidad.* Dios es capaz de hacer muchas cosas cuando bendecimos.

Hace también ya varios años cuando hacia intervención en crisis con familias que estaban cruzando por ciertos problemas o situaciones difíciles, llegó conmigo un señor que debería estar en sus cuarentas y que llevaba como unos 17-18 años de casado. Después de trabajar varios años en una empresa ésta se vino a la quiebra y él se quedó sin trabajo; como era el principal proveedor de su familia (su esposa y tres hijas), consiguió un trabajo como repartidor de paquetes. Desempeñando esta labor se dio cuenta que algunos hombres (con tendencias homosexuales) en los lugares donde habitualmente hacia entregas se le insinuaban, dándole sus números de teléfono, guiñándole el ojo, aventándole un beso y eso lo empezó a confundir y se acordó que cuando iba creciendo en casa de sus padres eran seis hermanos; su hermano mayor luego cuatro hermanas y él era el menor, dada la diferencia de edad con su hermano, el creció jugando y compartiendo con sus hermanas y eso provocó que muchas ocasiones jugara con las cosas de sus hermanas, por estas conductas tanto su papá como su hermano mayor lo regañaban y le decían cosas como, *no sea marica, esas cosas son de niñas,* en ocasiones le decían con una palabra de por sí humillante, *que era jo... por que jugaba con sus hermanitas.* Así creció y en la adolescencia pues se fue identificando con su propia sexualidad, le comenzaron a atraer las niñas, en la preparatoria conoció a la que sería su esposa, se enamoró de ella, estuvieron de novios unos años y terminaron casándose. Recuerdo que cuando vino conmigo decía que amaba y le seguía gustando su esposa, pero que las insinuaciones de aquellos hombres y las palabras que seguían resonando en su cabeza le llevaron a dudar de su identidad sexual. El acompañamiento no fue sencillo, tuvimos de alguna manera que enfrentar a su hermano mayor y a su papá y perdonándolos por aquellas palabras que habían emitido una y otra vez, afirmarles y afirmarse que él era hombre y que le gustaba, amaba y adoraba a su esposa. Hace poco tiempo me tocó encontrármelos en la Iglesia el domingo y me dio mucho gusto verlos juntos como familia me saludaron y volvieron a agradecer la ayuda que habían recibido. Mi punto, es resaltar cómo, aunque ni tenga que ser determinante, siempre afectan las palabras que nos dicen mientras vamos creciendo.

En nuestro servicio de oración para pedir sanación y liberación en nuestras familias oraremos por todas esas "maldiciones", palabras hirientes o malos deseos que hemos recibido. Mientras les invito que cuando se acuerde de éstas o cuando alguien lance algún tipo de maldición sobre usted con estas palabras simples u otras parecidas diga:

> *En el Nombre de Jesús hoy levanto toda palabra de maldición (nombrarlas) que he pronunciado en contra de (nombre de la persona) o las que he pronunciado contra mismo (nombrar las maldiciones) o contra Dios en mi enojo y por la Sangre de Jesús, renuncio a ellas y las transformo en palabras de bendición.*

Para concluir les comparto lo que encontramos en el evangelio de Mateo 5, 21-22:

> *Ustedes han oído que se dijo a los antepasados: No matarás, y el que mata, será condenado por el tribunal. Pero yo les digo que todo aquel que se irrita contra su hermano, será condenado por el tribunal. Y todo aquel que lo insulta, será castigado por el Sanedrín. Y el que lo maldice, será condenado a la Gehena de fuego.*

Después del gran discurso de las Bienaventuranzas Jesús irá aplicando a temas concretos esta Nueva Ley. El tema a tratar en esta sesión es el homicidio, lo aplica a la vida diaria y de alguna manera apunta a la raíz del problema y cómo progresivamente empeora y las consecuencias son mayores. Comienza con quien se irrita y sus consecuencias, será llevado al tribunal (un juicio pequeño); lo siguiente es insultar, por esto, será llevado al Sanedrín (un juicio más grande), finalmente lo lleva al extremo, el que maldice será condenado a la Gehena del fuego. Dos cosas muy importantes a rescatar de este texto:

a. Maldecir siempre será malo y puede tener consecuencias negativas tanto para el que es maldecido como para el que maldice.

b. En el contexto del pasaje, la necesidad de reconciliarse, de pedir perdón o perdonar, cuando hemos ofendido o hemos sido ofendidos por alguien.

Para que podamos poner nuestra ofrenda y sea agradable a los ojos de Dios. Finalmente, y haciendo eco a la recomendación del P. Ghislain Roy, cuando por cualquier situación, perdí el control y en mi enojo salió de mis labios alguna maldición contra cualquier persona, es importante confesarlas cuando vaya al sacramento de la reconciliación.

En el Anexo #1 (página 129) está el CUESTIONARIO y en el número o apartado #6 hemos dejado un espacio para que usted pueda escribir los pecados de la lengua o las maldiciones hechas o recibidas para poder en la oración renunciar a ellas de una vez y para siempre.

XI. De los Fundamentos Bíblico-Teológicos

Aunque durante cada uno de los capítulos les hemos estado presentando citas bíblicas, numerales del Catecismo de la Iglesia Católica, así como de otros documentos, o citas textuales de santos y de personas experimentadas en el ministerio de la sanación y la liberación, hemos querido agregar como una especie de recopilación sobre los aspectos bíblicos, teológicos y pastorales que sustentan a la familia como un sistema, como lo presentamos en nuestro seminario y en este libro de sanación intergeneracional.

1. Fundamentos bíblicos

Del Antiguo y del Nuevo Testamento les compartimos algunos textos que nos hablan de cómo la familia completa se ve bendecida cuando un miembro de ésta es fiel y camina con Dios.

a. Por la fe de Noé se salva no solo TODA su familia, sino toda la creación

En Génesis 7, 1 nos encontramos con la historia de Noé que la mayoría conocemos, la del diluvio. De resaltar en esta historia de salvación es que la humanidad completa se había corrompido y solo en Noé Dios había encontrado un hombre justo, es gracias a que Noé escucha y realiza lo que Dios le pide que no solo se salva TODA SU FAMILIA sino la creación como tal (representada en las parejas de animales que sube al arca).

b. Por la fe de Zaqueo entra la salvación a "SU CASA"

En Lucas 19, 1-10 encontramos la historia de Zaqueo que también es una muy peculiar. Zaqueo, oriundo de Jericó, era un cobrador de impuestos y en el siglo primero Roma permitía que nativos de los territorios conquistados recogieran el impuesto para el imperio (los vendían como una especie de plazas); así que teníamos a un judío quitándole, en muchas ocasiones más de lo que Roma pedía a otro judío por lo que no los quería nadie, ni su abuelita. Jesús pasaba por Jericó y Zaqueo escuchó hablar de éste y como era bajito se subió en un árbol para poder verlo, a Jesús le llamó la atención, le hizo bajar del árbol y se invitó a "su casa" en el lenguaje del evangelio supone el espacio, pero también sus vidas, la de su familia y en ocasiones el corazón mismo. Aquel día Jesús entró en el corazón de

Zaqueo y todo cambia en la vida de Zaqueo, se convirtió: *"voy a restituir, a pagar..."* y ante tal respuesta Jesús afirma que: *"HOY ha llegado la salvación a esta CASA"* así como Zaqueo que es quien toma la iniciativa de conocer a Jesús y recibirlo en su casa, ahora el resto de la familia reciben los frutos de su conversión. Fue Zaqueo quien se montó en el árbol (libre albedrio), pero su decisión, trajo a Jesús y su salvación a todos los de su casa (En el lenguaje del evangelista San Lucas implica todos los que habitan ahí, esposa, hijos, sirvientes y sus familias).

Ahora tanto del Antiguo como del Nuevo Testamento compartiremos algunos textos que nos presentan cómo por la mala decisión de uno, la familia completa paga las consecuencias.

c. Coré, Datán y Abirón se rebelaron contra Moisés y se los tragó la tierra junto con su familia

En el libro de los Números 16, 1-35 tenemos un par de historias que se entrelazan la una con la otra, por un lado, la historia de Coré que se rebela contra el sacerdocio de Aarón y por el otro la de Datán y Abirón contra Moisés. La consecuencia de la rebelión, aunque parece ser extrema es que, no solamente fueron aniquilados (se los tragó la tierra, fueron llevados a Sheol en vida) los que se rebelaron, sino que también pagó las consecuencias TODA su familia y ésta sin haber hecho nada.

d. El rey David y la muerte del hijo con Betsabé

Otra historia famosa del Antiguo Testamento la encontramos en 2 Sam 12, 15-19 y se trata de David y del profeta Natán, quien viene y le echa en cara su pecado con Betsabé la mujer de Urías el Hitita. Como consecuencia del pecado de David, el niño que Betsabé ha concebido de aquella relación, cae gravemente enfermo. Posteriormente a pesar de que David se había arrepentido, de hecho, Dios le perdona su pecado, pero el niño va a morir, una vez más las consecuencias, aunque brotan del pecado, son en realidad una situación aparte. Si alguien se arrepiente sinceramente Dios siempre le va a perdonar; ahora lo que brota de pecado (consecuencias) eso es lo que puede causar ciertas consecuencias o ataduras.

En el Nuevo Testamento encontramos un par de pasajes relacionados con las consecuencias de los pecados de los padres sobre sus hijos.

e. Los hijos de las 'Hijas de Jerusalén' sufrirán el rechazo del profeta de Dios

Ya en camino al calvario encontramos este pasaje que a primera vista no es fácil de entender en Lc 23, 27-29:

> *Lo seguían muchos del pueblo y un buen número de mujeres,*
> *que se golpeaban el pecho y se lamentaban por éL. Pero Jesús,*
> *volviéndose hacia a ellas, les dijo: ¡Hijas de Jerusalén, no lloren*
> *por mí; lloren más bien por ustedes y por sus hijos...!*

La mayoría de los comentarios encuentran relación con un patrón que había venido sucediendo con Israel respecto a sus profetas, los mataban. Ahora era el turno del mismo Jesús, "la leña verde" quien morirá a causa de toda injusticia. En la meditación de la novena estación del Vía Crucis del 2009 sugerido por el Vaticano respecto a este pasaje bíblico señala que: *Ante las mujeres en lágrimas, Jesús se olvida de sí mismo. No presta atención a sus propios sentimientos, sino al trágico futuro que les espera a ellas y a sus hijos.* Algunos comentaristas han encontrado que las palabras de Jesús anuncian una consecuencia que vendrá sobre aquella generación y sus hijos a causa de haber rechazado al mismo Hijo de Dios. Algunos ven el cumplimiento de estas palabras con la caída y la destrucción de Jerusalén en el año 70 a manos de Tito hijo del Emperador Vespasiano.

f. Todo el pueblo pide que la sangre de Jesús caiga sobre ellos y "sobre sus hijos"

En otro pasaje, ahora de Mt. 27, 24-25 cuando Jesús está siendo procesado por el Gobernador Poncio Pilato encontramos lo siguiente:

> *Al ver que no se llegaba a nada, sino que aumentaba el tu-*
> *multo, Pilato hizo traer agua y se lavó las manos delante de la*
> *multitud, diciendo: "Yo soy inocente de esta sangre. Es asunto*
> *de ustedes." Y todo el pueblo respondió: "Que su sangre caiga*
> *sobre nosotros y nuestros hijos.*

Mientras que el gesto expresivo de "lavarse las manos" (un gesto que encontramos en el AT) de Pilato declara su inocencia delante de Dios y carga sobre los judíos la plena responsabilidad de lo que está por suceder, (Verso 24), como respuesta a tal gesto TODO EL PUEBLO (los sacerdotes, los ancianos y la muchedumbre) acepta con la expresión bíblica: *Que su sangre caiga sobre nosotros y nuestros hijos,* la responsabilidad de la ejecución que reclama, y rememorando Jer. 26, 15 y 1 Re 2, 33. Una vez más algunos enlazan el cumplimiento de esta declaración con la caída y la destrucción de Jerusalén en el año 70.

Es preciso también que mencionemos y analicemos algunos textos de la Escritura que "al parecer" contradicen los que anteriormente hemos presentado y que a menudo son usados por aquellos que se oponen de alguna manera a la posibilidad de la necesidad de pedir perdón por los pecados de nuestros antepasados y orar para que las consecuencias de éstos que de alguna manera pueden alcanzarnos, sean rotas en el Nombre de Jesús. Para esto, hay que tener claro que es preciso hacer un análisis histórico – crítico para poder aclarar esta disyuntiva y entender el contexto bajo el cual se escriben los unos y los otros.

g. No se matará a los hijos por culpa de sus padres

En Deut 24, 16 encontramos que, *Los padres no morirán por culpa de los hijos ni los hijos por culpa de los padres. Cada cual morirá por su propio pecado.* Este pasaje resalta la responsabilidad individual a diferencia de la corporativa que en ciertas instancias también es mencionada en el mismo libro en 13, 12-18. 21, 1-9. Para entender este pasaje la mayoría de los comentarios nos refieren al pasaje de 2 Re 14, 5-6; el cual registra un evento histórico, que resulta decisivo para este principio. *Cuando el reino estuvo afianzado es sus manos (Amasías), mató a los servidores que habían matado al rey su padre, pero no ejecutó a los hijos de los asesinos, en conformidad con lo descrito en el libro de la doctrina de Moisés,* refiriéndose al pasaje de Deut 24, 16. Existe una resolución obvia: La primera afirmación *"en manos del cielo"* se refiere a la justicia Divina. La segunda, en Deuteronomio, se refiere a la justicia humana como la administrada por la corte jurídica. ¿Cómo pueden decidir meros mortales hasta qué punto el crimen de una persona fue influenciado por otros? Claramente, el proceso judicial debe limitarse a los hechos observables. La persona que cometió el crimen es culpable, los que *hasta la tercera y cuarta generación* pueden haber moldeado su carácter, no. En esa misma línea está el pasaje que encontramos en Ezequiel 18, 20-23, en el capítulo completo resalta la responsabilidad personal, en el versículo 22 resalta como no queda abrumado, ni por la falta de sus antepasados, ni por sus propias faltas pasadas y acá viene lo interesante: SIEMPRE Y CUANDO SE CONVIERTA. Es decir que haga una elección clara por el Señor nuestro Dios.

h. Si los padres comieron uvas verdes a los hijos no tiene por qué dolerle los dientes

Otro pasaje que encontramos sobre la retribución personal está en Jer.31, 29-30: *En aquellos días no dirán más: Los padres comieron uvas en agraz y los dientes de los hijos sufrirán dentera, sino que cada uno por su culpa morirá: quienquiera que coma uvas en agraz tendrá la dentera.* Encontramos con claridad una vez más, el principio moral - de la responsabilidad individual, el pecado solo es imputable al que lo comete. Y esto lo tenemos muy claro nosotros, porque no estamos hablando del pecado que se pasa... ese siempre es responsabilidad de cada cual, sino ciertas consecuencias de éste. El mismo proverbio lo encontramos en Ez. 18, 2. Aquí los profetas no hablan de procedimientos judiciales, ni de responsabilidad legal. Hablan de juicio Divino y justicia. Ambos, en el contexto histórico están dándole al pueblo una cuota de esperanza en uno de los momentos más difíciles de la historia judía: la de la conquista de Babilonia, la destrucción del Primer Templo y el Exilio. El pueblo, sentado y sollozando en las márgenes de las aguas de Babilonia pudo haber perdido completamente la esperanza. Habían sido juzgados por las falencias de sus antepasados que condujeron a la nación a esta dramática penuria, y su exilio parecía extenderse indefinidamente en el futuro. Ezequiel, en su visión del valle de los huesos secos, oyó que Dios le dijo que el pueblo exclamaba: *Nuestros huesos están desecados, nuestra esperanza perdida.* Él y Jeremías contrarrestaron la desesperación diciéndole a la gente que el futuro estaba en sus propias manos. Si retornaban a Dios, Dios retornaría a ellos y los conduciría de vuelta a su tierra. No serían sancionados por culpa de las generaciones anteriores. En el contexto, esto cobra sentido.

i. El ciego de nacimiento

Un último pasaje, ahora del NT que muestra cierta excepción y misterio en sí mismo lo encontramos en Jn 9, 1-41 y se refiere al hombre que había nacido ciego y al que Jesús le devolverá la vista. El pasaje completo que no lo transcribimos esta vez por lo extenso, está lleno de signos y símbolos, muy a modo del autor del Evangelio de San Juan. Muchos comentaristas se inclinan por resaltar que la trifulca que encontraremos en este relato tiene que ver con la que enfrentaban a final de siglo los grupos judíos con las comunidades judeocristianas a las que se oponían y que terminaron expulsándolas de la Sinagoga. [23] El ciego de nacimiento aparece en el relato para contrarrestar de alguna manera *a los que creen que ven y permanecen ciegos* (Fariseos del tiempo de Jesús y los de finales del primer siglo) *y a los que estaban ciegos y ahora ven* (El ciego del relato que ahora ve y las comunidades cristianas de final de siglo). De cualquier manera, para fines de lo que estamos tratando es importante que entendamos que al igual que el ciego de nacimiento, la historia de la vida de Job e incluso el mismo sufrimiento de Jesús en su pasión y su muerte, no son provocadas, ni queridos por Dios, misteriosamente sirven para la manifestación de la Gloria y la Salvación de Dios.

2. Respecto a la existencia del demonio-Satanás

Como lo citábamos en el capítulo (IX) respecto al sistema de Satanás, según C. S. Lewis y según los expertos, con el Demonio caben dos errores: *Negar su existencia u obsesionarse con ella.* Como decía Tomás Moro, *lo que menos soporta el espíritu orgulloso es que pases de él. Ahora bien, ignorarle sería una necedad.*

El Papa San Pablo VI en la Audiencia General del miércoles 15 de noviembre de 1972 y porque como ahora, había algunos que negaban su existencia afirmó: *El mal no es solo una deficiencia, sino un ser vivo, espiritual, pervertido y pervertidor.*

23. En el libro Historia de la Iglesia – El Legado de la Fe de Loyola Press en la página 4 respecto a esto afirma: *Muy pronto se diluyó la esperanza de la reconciliación entre el judaísmo y las nuevas comunidades cristianas, la división entre cristianos y judíos se hizo más y más clara a tal grado que, hacia finales del siglo I, la ruptura se hizo evidente. Los judíos añadieron una sentencia a las Dieciocho Bendiciones, la cual maldecía a "nazarenos y herejes". El nudo que unía a los cristianos y a los judíos se había disuelto.*

Terrible realidad. Misteriosa y aterradora.

Recientemente y a propósito también de ciertas posiciones nuevas de algunos teólogos importantes que relegaban la existencia del demonio a nada más un mito, representación, símbolo o figura de la maldad, el Papa Francisco en su tercera Exhortación Apostólica (19 de marzo del 2018), sobre el llamado a la santidad en los numerales 159-161 nos hablaba de la realidad de la batalla espiritual y de la existencia real y destructiva del demonio:

> *No se trata solo de un combate contra el mundo y la mentalidad mundana, que nos engaña, nos atonta y nos vuelve mediocres sin compromiso y sin gozo. Tampoco se reduce a una lucha contra la propia fragilidad y las propias inclinaciones (cada uno tiene la suya: la pereza, la lujuria, la envidia, los celos, y demás). Es también una lucha constante contra el diablo, que es el príncipe del mal... (Cfr. #159)*

Es algo más que un mito:

> *No aceptaremos la existencia del diablo si nos empeñamos en mirar la vida solo con criterios empíricos y sin sentido sobrenatural... De hecho, cuando Jesús nos dejó el Padrenuestro quiso que termináramos pidiendo al Padre que nos libere del Malo. La expresión utilizada allí no se refiere al mal en abstracto y su traducción más precisa es «el Malo». Indica un ser personal que nos acosa. Jesús nos enseñó a pedir cotidianamente esa liberación para que su poder no nos domine. (Cfr. # 160). Entonces, no pensemos que es un mito, una representación, un símbolo, una figura o una idea. Ese engaño nos lleva a bajar los brazos, a descuidarnos y a quedar más expuestos... Y así, mientras nosotros bajamos la guardia, él aprovecha para destruir nuestra vida, nuestras familias y nuestras comunidades, porque «como león rugiente, ronda buscando a quien devorar» (Cfr.1 Pe 5,8). (Cfr. #161).*

3. Respecto a la superstición, la idolatría y el primer mandamiento.

Todas las cosas relacionadas con la idolatría, la superstición, la adivinación, la magia, el espiritismo, etc., atentan directamente contra el primer mandamiento: *No habrá para ti otros dioses delante de mí.* Así lo encontramos en el Catecismo de la Iglesia Católica en los numerales del 2110 al 2114 que afirman esto:

> *El primer mandamiento prohíbe honrar a dioses distintos del*

Único Señor que se ha revelado a su pueblo. Proscribe la superstición y la irreligión. La superstición representa en cierta manera una perversión, por exceso, de la religión. La irreligión es un vicio opuesto por defecto a la virtud de la religión. (Cfr. # 2110) La superstición es la desviación del sentimiento religioso y de las prácticas que impone. Puede afectar también al culto que damos al verdadero Dios, por ejemplo, cuando se ATRIBUYE UNA IMPORTANCIA, DE ALGÚN MODO, MÁGICA A CIERTAS PRÁCTICAS, POR OTRA PARTE, LEGÍTIMAS O NECESARIAS. Atribuir su eficacia a la sola materialidad de las oraciones o de los signos sacramentales, prescindiendo de las disposiciones interiores que exigen, es caer en la superstición (Cfr. Mt 23, 16-22 # 2111)

Y continúa especificando lo siguiente:

El numeral 2112 explícitamente declara que, *El primer mandamiento condena el politeísmo y exige al hombre no creer en otros dioses que el Dios verdadero. Y no venerar otras divinidades que al único Dios.*

> *La idolatría no se refiere sólo a los cultos falsos del paganismo. Es una tentación constante de la fe. Consiste en DIVINIZAR LO QUE NO ES DIOS. La idolatría rechaza el único Señorío de Dios; es, por tanto, incompatible con la comunión divina (Cfr. Gal 5, 20; Ef 5, 5; Cfr. #2113).*

En el numeral 2114 basado en la obra *Contra Celsum 2, 40* del gran apologista Orígenes, afirma que: *La idolatría es una perversión del sentido religioso innato en el hombre. El idólatra es el que aplica a cualquier cosa, en lugar de a Dios, la indestructible noción de Dios.*

4. Respecto a la adivinación, la magia y el espiritismo

Algunas de las formas más utilizadas del demonio y promovidas por muchas prácticas de la NEW AGE o Nueva Era están ligadas a la adivinación, la magia y el espiritismo. En seguida presentamos lo que nos dicen los numerales del 2115 – 2117 del CIC:

> *Dios puede revelar el porvenir a sus profetas o a otros santos. Sin embargo, la actitud cristiana justa consiste en entregarse con confianza en las manos de la Providencia en lo que se refiere al futuro y en abandonar toda curiosidad malsana al respecto. Sin embargo, la imprevisión puede constituir una falta de*

responsabilidad. (Cfr. #2115)

Respecto a la adivinación y a otras prácticas ocultistas el numeral 2116 afirma:

> *Todas las formas de adivinación deben rechazarse: el recurso a Satán o a los demonios, la evocación de los muertos, y otras prácticas que equivocadamente se supone "desvelan" el porvenir (Cfr. Dt 18, 10; Jer 29, 8). La consulta de horóscopos, la astrología, la quiromancia, la interpretación de presagios y de suertes, los fenómenos de visión, el recurso a "mediums" encierran una voluntad de poder sobre el tiempo, la historia y, finalmente, los hombres, a la vez que un deseo de granjearse la protección de poderes ocultos. Están en contradicción con el honor y el respeto, mezclados de temor amoroso, que debemos solamente a Dios.*

Respecto a la magia y al espiritismo el numeral 2117 los aborda de la siguiente manera:

> *Todas las prácticas de magia o de hechicería mediante las que se pretende domesticar potencias ocultas para ponerlas a su servicio y obtener un poder sobrenatural sobre el prójimo —aunque sea para procurar la salud—, son gravemente contrarias a la virtud de la religión... Llevar amuletos es también reprensible. El espiritismo implica con frecuencia prácticas adivinatorias o mágicas. Por eso la Iglesia advierte a los fieles que se guarden de él. El recurso a las medicinas llamadas tradicionales no legítima ni la invocación de las potencias malignas, ni la explotación de la credulidad del prójimo.*

5. Respecto a las consecuencias del pecado y la dimensión social del mismo

La Exhortación Apostólica *Reconciliatio et Paenitentia* del 2 de diciembre de 1984 de San Juan Pablo II, que es de lo más relevante que he encontrado en el reciente Magisterio de la Iglesia, alrededor de los años en que se comenzaba a hablar del tema general que estamos tratando, afirma lo siguiente:

> *No existe pecado alguno, aun el más íntimo y secreto, el más estrictamente individual, que afecte exclusivamente a aquel que lo comete. TODO PECADO REPERCUTE, CON MAYOR O MENOR INTENSIDAD, CON MAYOR O MENOR DAÑO, EN TODO EL CONJUNTO ECLESIAL Y EN TODA LA FAMILIA HUMANA. Según esta primera acepción, se puede atribuir indis-*

cutiblemente a cada pecado el carácter de pecado social"...
"hablar de pecado social quiere decir, ante todo, reconocer que, en virtud de una solidaridad humana tan misteriosa e imperceptible como real y concreta, el pecado de cada uno repercute en cierta manera en los demás. Es esta la otra cara de aquella solidaridad que, a nivel religioso, se desarrolla en el misterio profundo y magnífico de la Comunión de los Santos, merced a la cual se ha podido decir que "toda alma que se eleva, eleva al mundo". A esta ley de la elevación corresponde, por desgracia, la ley de descenso, de suerte que se puede hablar de una comunión del pecado, por el que un alma que se abaja por el pecado abaja consigo a la Iglesia y, en cierto modo, al mundo entero. (#16)

En el Catecismo de la Iglesia Católica encontramos lo siguiente respecto al pecado del mundo:

Las consecuencias del pecado original y de todos los pecados personales de los hombres confieren al mundo en su conjunto una condición pecadora, que puede ser designada con la expresión de san Juan: "el pecado del mundo" (Jn 1,29). Mediante esta expresión se significa también la influencia negativa que ejercen sobre las personas las situaciones comunitarias y las estructuras sociales que son fruto de los pecados de los hombres (Cfr. RP 16). CIC 409-410. 409. Esta situación dramática del mundo que "todo entero yace en poder del maligno" (1 Jn 5,19; Cfr.1 Pe 5,8), hace de la vida del hombre un combate: «A través de toda la historia del hombre se extiende una dura batalla contra los poderes de las tinieblas que, iniciada ya desde el origen del mundo, durará hasta el último día, según dice el Señor. Inserto en esta lucha, el hombre debe combatir continuamente para adherirse al bien, y no sin grandes trabajos, con la ayuda de la gracia de Dios, es capaz de lograr la unidad en sí mismo (Cfr. GS 37,2).

Y en la Bula Papal *Incarnationis Mysterium* numeral 11 de la Convocación del Gran Jubileo del año 2000, San Juan Pablo II hacía una invitación a toda la Iglesia a una Purificación de la Memoria:

Sin embargo, se ha de reconocer que en la historia hay también no pocos acontecimientos que son un anti-testimonio en relación con el cristianismo. Por el vínculo que une a unos y otros en el Cuerpo místico, y aún sin tener responsabilidad personal ni eludir el juicio de Dios, el único que conoce los co-

razones, somos portadores del peso de los errores y de las culpas de quienes nos han precedido. Además, también nosotros, hijos de la Iglesia, hemos pecado, impidiendo así que el rostro de la Esposa de Cristo resplandezca en toda su belleza. Nuestro pecado ha obstaculizado la acción del Espíritu Santo en el corazón de tantas personas. Nuestra poca fe ha hecho caer en la indiferencia y alejado a muchos de un encuentro auténtico con Cristo.

Y el mismo documento en nombre de toda la Iglesia pedía perdón por los pecados presentes y pasados de sus hijos:

Como Sucesor de Pedro, pido que en este año de misericordia la Iglesia, persuadida de la santidad que recibe de su Señor, se postre ante Dios e implore perdón por los pecados pasados y presentes de sus hijos. Todos han pecado y nadie puede considerarse justo ante Dios (Cfr.1 Re 8, 46). Que se repita sin temor: «Hemos PECADO» (Jer 3, 25), pero manteniendo firme la certeza de que «donde abundó el pecado sobreabundó la gracia» (Cfr. Rm 5, 20).

Y para cerrar el tema, les comparto este párrafo que me parece crucial, tomado de la Homilía de la Jornada del Perdón convocada el 12 de marzo del 2000 por San Juan Pablo II en el numeral 4, en el que invitaba a todos a pedir perdón por las infidelidades cometidas durante el segundo milenio.

¡Perdonemos y pidamos perdón! A la vez que alabamos a Dios, que, en su amor misericordioso, ha suscitado en la Iglesia una cosecha maravillosa de santidad, de celo misionero y de entrega total a Cristo y al prójimo, no podemos menos de reconocer las infidelidades al Evangelio que han cometido algunos de nuestros hermanos, especialmente durante el segundo milenio. Pidamos perdón por las divisiones que han surgido entre los cristianos, por el uso de la violencia que algunos de ellos hicieron al servicio de la verdad, y por las actitudes de desconfianza y hostilidad adoptadas a veces con respecto a los seguidores de otras religiones. Confesemos, con mayor razón, nuestras responsabilidades de cristianos por los males actuales. Frente al ateísmo, a la indiferencia religiosa, al secularismo, al relativismo ético, a las violaciones del derecho a la vida, al desinterés por la pobreza de numerosos países, no podemos menos de preguntarnos cuáles son nuestras responsabilidades. Por la parte que cada uno de nosotros, con sus comportamientos, ha tenido en estos males, contribuyendo a desfigurar el rostro de la

Iglesia, pidamos humildemente perdón. Al mismo tiempo que confesamos nuestras culpas, perdonemos las culpas cometidas por los demás contra nosotros. En el curso de la historia los cristianos han sufrido muchas veces atropellos, prepotencias y persecuciones a causa de su fe. Al igual que perdonaron las víctimas de dichos abusos, así también perdonemos nosotros. La Iglesia de hoy y de siempre se siente comprometida a purificar la memoria de esos tristes hechos de todo sentimiento de rencor o venganza. De este modo, el jubileo se transforma para todos en ocasión propicia de profunda conversión al Evangelio. De la acogida del perdón divino brota el compromiso de perdonar a los hermanos y de reconciliación recíproca.

XII. De Jesucristo
Nuestro Único Salvador

Jesús preguntó entonces a los doce: ¿También ustedes quieren irse? Simón Pedro le respondió: Señor ¿A quién iremos? Tú tienes palabras de vida eterna. Nosotros hemos creído y sabemos que eres el Santo de Dios. (Cfr. Jn. 6, 67-69).

En medio de esta guerra espiritual que enfrentamos, en un mundo lleno de confusión por las tantas opciones que nos ofrecen "pedacitos de felicidad." es bueno recordar que la FUENTE DE LA PLENITUD Y LA FELICIDAD DEL SER HUMANO, la encontramos no en algo, sino en alguien, se llama JESÚS, el ya murió por nosotros para darnos salvación y resucitó para darnos acceso total a Dios, nuestro fin y nuestro origen, muy a modo como nos lo presentaba el gran San Agustín afirmando: *Nos hiciste, Señor, para Ti, y nuestro corazón está inquieto hasta que descanse en Ti.*

Jesús, el hijo de Dios, ya vino a salvarnos de todo mal y de las garras de Satanás y se ha quedado en el Santísimo Sacramento del altar, ya nos habló con su Palabra que nos salva y que nos sana por lo que los invito a recurrir al Dios que nos ama más de lo que nos imaginamos, al Dios de la verdad y de la luz, el único camino a la salvación (Cfr. Jn 14, 6).

1. La invocación del Nombre de Jesús

El venerable Bishop Fulton Sheen en una de sus catequesis, de manera concreta en la que trata sobre el Maligno nos sugiere tres armas poderosas contra la acción del demonio en nuestras vidas. La primera de estas es la invocación del santo Nombre de Jesús, el único Nombre que Satanás no soporta y de la que trataremos ahora.

Y cuando hablamos o nos referimos los cristianos al NOMBRE DE JESUS, es preciso entender que, no estamos hablando de algo mágico; sino algo real y concreto, nos referimos a la persona de Jesús y a todo lo que hizo y ya nos ganó por su amor y entrega que nos salva, nos sana y nos libera. La Salvación de Jesús viene a reestablecer el orden y la vida de Dios en la nuestra. De hecho, no hay otra solución a la que podemos acudir.

En el himno cristológico que encontramos en la carta de San Pablo a los Filipenses 2, 6-12, en los últimos tres versículos encontramos la siguiente declaración:

> *...Por eso, Dios lo exaltó y le dio el Nombre que está sobre todo nombre, para que, al Nombre de Jesús, se doble toda rodilla en el cielo, en la tierra y en los abismos...*

Jesús por su "anonadación," por su obediencia hasta la muerte, ha sido exaltado por encima de todo lo creado, Él es el Señor de todo el universo y su Nombre ahora es revestido de TODA AUTORIDAD, por lo que ante su Nombre se debe doblar TODA RODILLA, porque todo ha quedado sometido a él (el cielo, la tierra y los abismos) porque Él es el SEÑOR incluso de los abismos y todos los seres que los habitan. De aquí la importancia de invocarle siempre y con mayor razón cuando en batalla espiritual enfrentamos a estas fuerzas de obscuridad.

Ahora, en el Nombre de Jesús podemos hacer grandes cosas. En el discurso de despedida de Jesús en el evangelio de San Juan 14, 12-14, dice lo siguiente:

> *Les aseguro que el que cree en mi hará también las obras que yo hago, y aún mayores, porque yo me voy al Padre. Y yo haré todo lo que ustedes pidan **EN MI NOMBRE**, para que el Padre sea glorificado en el Hijo. **SI USTEDES ME PIDEN ALGO EN MI NOMBRE YO LO HARÉ.***

En el evangelio Nombre y Poder son conceptos paralelos, porque no hay ningún nombre en la tierra por el que se puede salvar, sino solo el de Jesús. Es preciso que entendamos que no se refiere al uso mágico del Nombre de Jesús como explican la mayoría de los comentaristas bíblicos, sino a la mediación para la acción del mismo Cristo que está en el cielo y que es concedida cuando confesamos nuestra fe en Él. Lo que, leemos acá es la promesa que abre a la posibilidad de hacer los mismos milagros en el Nombre de Jesús. Esta promesa aparece de diferentes maneras tanto en el evangelio de Juan como el de Mateo y Lucas. En algunas ocasiones es el mismo Jesús quien responde a la petición y en otras el Padre. Ahora estas obras, milagros o señales dan siempre testimonio de la unidad que hay entre el Padre y el Hijo.

Los capítulos 3-4 del libro de los Hechos de los Apóstoles encontramos a Juan y Pedro subiendo al templo a orar y nos narra el encuentro con aquel paralítico que pedía limosna en la entrada:

> *Pedro dirigiéndose a este le dijo: No tengo oro ni plata, pero te doy lo que tengo; en el **NOMBRE DE JESUCRISTO DE NAZA-RET**, levántate y camina. Y tomándolo de la mano derecha, lo levantó; de inmediato, se le fortalecieron los pies y los tobillos...*

Aquel acontecimiento no quedó en secreto sino todo lo contrario y eso provocó la irritación de las autoridades religiosas quienes los encarcelaron para luego interrogar, *"en nombre de quién hacían aquello"*, a lo que Pedro dando testimonio contestará lo siguiente:

> *Jefes del pueblo y ancianos, ya que hoy se nos pide cuenta del bien que hicimos a un enfermo, y de cómo fue curado, sepan ustedes y todo el pueblo de Israel: Este hombre está aquí sano delante de ustedes por el Nombre de nuestro Señor Jesucristo de Nazaret... por que en ningún otro hay salvación, **NI EXISTE BAJO EL CIELO OTRO NOMBRE DADO A LOS HOMBRES, POR EL CUAL PODAMOS SALVARNOS.***

Al cuestionamiento de las autoridades judías San Pedro contesta con un discurso que ratifica la acción salvadora de Jesús y el poder de la resurrección de Jesús, en NOMBRE de quien actúan y obran ahora los apóstoles.

2. La invocación de la Sangre de Jesús

La segunda arma poderosa que menciona el Venerable Obispo Fulton Sheen es la invocación de la Sangre de Jesús, porque es por esta que nos ha venido la Salvación y el perdón de los pecados.

En 1 Juan 1, 5-7 encontramos lo siguiente:

> *La noticia que hemos oído de Él y que nosotros les anunciamos es esta: Dios es la luz, y en Él no hay tinieblas. Si decimos que estamos en comunión con Él y caminamos en las tinieblas, mentimos y no procedemos conforme a la verdad. Pero si caminamos en luz, como Él está en la luz, estamos en comunión unos con otros, Y LA SANGRE DE SU HIJO JESUS nos PURIFICA DE TODO PECADO.*

Las expresiones: Sangre de Jesús, Sangre de Cristo, Sangre del Cordero, Sangre del Pacto, Sangre Esparcida, se usan en el contexto del Antiguo Testamento haciendo referencia primero a la alianza realizada en el Sinaí al pie de la montaña y que encontramos en Ex. 24, 8:

> *Y Moisés tomó la sangre y roció con ella al pueblo, y dijo: Esta es la sangre de la alianza que ahora el Señor hace con ustedes, según lo establecidos es estas cláusulas.*

Posteriormente encontramos que la Ley Mosaica estipulaba que el sacerdote una vez al año debía hacer una ofrenda de la sangre de los animales sobre el altar del templo por los pecados propios y los de todo el pueblo. Pero al igual que todo lo que de manera provisoria nos es presentado en el Antiguo Testamento, este gesto tiene su culmen en el sacrificio de la muerte expiatoria del Señor Jesús; quien derramando su sangre nos limpió de todos nuestros pecados y realizó nuestra salvación. Por lo que al invocar sobre nosotros la Sangre de Cristo una vez más, no lo hacemos de manera mágica, ni supersticiosa, sino conscientes de la Salvación ganada por Jesús para nosotros en la cruz del calvario. En la última cena, la noche antes de su sacrificio, Jesús tomó vino en sus manos y dando gracias dijo, esta es mi sangre, la sangre de la alianza, que será derramada por ustedes y por TODOS para el perdón de los pecados y de esta manera anunciada su sacrificio inminente y los frutos que brotarían del mismo. Ya no es sangre de animales, sino la Sangre de Jesús la que nos limpia, nos sana, nos libera, la que nos salva.

3. La invocación y la devoción a Nuestra Madre Santísima, María.

La tercera arma a la que nos invita a recurrir el Venerable Obispo Fulton Sheen es a la devoción a Nuestra Madre Santísima, la Virgen María, porque desde el principio de la escritura en el libro del Génesis nos es anunciado que del fruto de una Mujer nos vendría la salvación y este aplastaría la cabeza de la serpiente. María esta nueva Mujer a diferencia de aquella primera mujer, Eva, María será fiel y obediente a Dios, cosa que el mismo Satanás no pudo y se rebeló. Un sin número de exorcistas han afirmado la importancia de la presencia de María en nuestra batalla espiritual, ya que los demonios no la pueden resistir. También es sabido cuan recomendado es el rezo del santo rosario en la batalla espiritual.

4. Enfrentando nuestros Gigantes– 1 Sam. 16-17

En el capítulo 16 del primer libro de Samuel se nos narra una de las historias más conocidas de la Biblia, la de DAVID Y GOLIAT.

Goliat, el gigante filisteo que desafío a los Israelitas y a su Dios; al que joven pastor David (hijo de Jesé) le haría frente y más tarde se convertiría en la imagen del Rey-Pastor en el Antiguo Testamento y serviría de tipología al Rey de reyes y Señor de señores, Jesucristo, NUESTRO SEÑOR.

Al inicio del capítulo 16 encontramos la unción de David, la cual en el Antiguo Testamento indicaba un llamado concreto para cumplir una misión. En el caso de David tenía que ver con reinar, pues mientras la imagen de Saúl decrecía por su ineptitud y terquedad, la de David de manera progresiva comenzaba a crecer poco a poco.

David es el escogido de Dios, el ungido; contra todos los pronósticos porque es el octavo de los hijos de Jesé. De hecho, cuándo Samuel va a ungir a un nuevo rey de entre los hijos de Jesé, es Jesé mismo quien da por descartado al último y el más joven de sus hijos, David. Es donde yo afirmo que "Dios escoge raro", no se fija en las apariencias, ni va por las normas o las guías de cómo escogemos nosotros, Dios ve el corazón, conoce el interior. Y es así, como David quedará ungido para suceder en el Reino a Saúl. Generalmente por el hecho de su edad (joven) nos imaginamos a David pequeño y aparentemente indefenso. Pero el hecho, de que Saúl le ofrece su armadura nos hace pensar que, aunque joven ya debería tener un buen tamaño. La cuestión de la honda que podemos también pensar que era inofensiva, en realidad era un arma de precisión para un especialista como David, a pesar de la objeción de Saúl debido a la inexperiencia militar de David. La unción sobre David le habilita para la misión a la que ha sido llamado, Dios lo ha ido preparando desde su oficio de pastor. David será un rey exitoso porque el Espíritu de Yahveh estará con él.

Goliat, por otro lado, según los datos que nos brinda la escritura, debía ser muy alto y medir hasta dos metros y medio, era realmente un gigante y con una experiencia militar impresionante. Les recuerdo que nadie en el ejército de los Israelitas le había querido hacer frente después de haberlos desafiado por 40 días a mañana y tarde. Su hermano mayor Eliab (capitán en el ejército de Saúl), regaña a David por la tremenda pretensión y osadía de su hermano, querer enfrentar al gigante Goliat y le pide que regrese a la casa de su padre y el rey mismo ya le había dicho que por su inexperiencia él no podría batirse contra el filisteo.

¿Cuántas veces nos han dicho que no podremos, que es demasiado para nosotros, que saldremos derrotados de tal o cual batalla o compromiso? ¿Qué lo que está delante de nosotros es mucho mayor que nosotros, que no tenemos oportunidad, que las llevamos de perder? Hoy, hay gigantes que te desafían a ti y a tu familia. De hecho, ¿cuántas batallas pérdidas en el seno de cada familia se han acumulado y cuantos caídos en el proceso?

Hoy a ti y a mí nos toca ser como David – para poder ser libres, sin miedo, ni opresión, no solo yo, sino toda mi familia. El Señor había ungido a David y lo había preparado y como a él, tú y yo hemos sido ungidos para enfrentar cualquier batalla que quiera oprimirnos y quitarnos la bendición de Dios. Así que, NO TENGAS MIEDO, que no importa lo que esté al frente de ti, Yahveh Sabaoth peleará contigo. La oración es nuestra piedra y nuestra honda, así que, ¡En marcha que Dios va delante de nosotros!

5. ¡A orar se ha dicho!

Recapitulando un poco de lo que ya tratamos en la historia de David y Goliat. El filisteo despreció a David, de hecho, indignado pregunto: ¿Acaso, soy un perro…? El joven David lleno de certeza y confianza en Dios le gritó al gigante Goliat:

> *Tú avanzas contra mi armado de espada, lanza y jabalina, pero yo voy hacia ti en el Nombre de Yahveh Sabaoth – El Señor de los Ejércitos – el Dios de las huestes de Israel a quien tú has desafiado, y aquel día lo derrotó y fue una victoria grande para todo Israel.*

En la Exhortación Apostólica *Gaudete et Exultate* el Papa Francisco nos anima a estar siempre despiertos y confiados con la certeza de que Jesús está con nosotros:

> *La Palabra de Dios nos invita claramente a «afrontar las asechanzas del diablo» (Ef 6,11) y a detener «las flechas incendiarias del maligno» (Ef 6,16). No son palabras románticas, porque nuestro camino hacia la santidad es también una lucha constante. Quien no quiera reconocerlo se verá expuesto al fracaso o a la mediocridad. Para el combate tenemos las armas poderosas que el Señor nos da: la fe que se expresa en la oración, la meditación de la Palabra de Dios, la celebración de la Misa, la adoración eucarística, la reconciliación sacramental, las obras de caridad, la vida comunitaria, el empeño misionero. (Cfr. #162) …Nadie resiste si opta por quedarse en un punto muerto, si se conforma con poco, si deja de soñar con ofrecerle al Señor una entrega más bella. Menos aún si cae en un espíritu de derrota, porque «el que comienza sin confiar perdió de antemano la mitad de la batalla y entierra sus talentos… (Cfr. #163)*

Ahora nos toca a nosotros orar con la fuerza, el impulso y la fe con la que lo hacían los apóstoles al principio y una lista innumerable de santos a través de la historia. Es nuestro momento y nuestra responsabilidad de ponernos la armadura de Dios y en el Nombre bendito de Jesús rescatar todo terreno que Satanás nos haya arrebatado o a los nuestros para que podamos gozar de la vida y de las gracias que ya nos fue ganadas por el mismo Jesús en la cruz del calvario.

Rezar con toda la fuerza o impulso. No dejar de rezar para no darle oportunidad a que se reorganice y ataque de nuevo. Si dejamos de luchar, tardaremos más tiempo en ganarle la guerra.

Ahora, ya preparados (habiendo hecho nuestro genograma para ubicar los patrones o ataduras que encontramos en nuestro árbol genealógico y habiendo contestado lo mejor posible nuestro cuestionario que aparece en el Anexo # 1 de este libro) para orar con más entendimiento y claridad podemos disponernos para con fe profunda realizar nuestro Servicio de Oración o Paraliturgia que se encuentra en el Anexo # 3 (Si se involucran más miembros de la familia rezando habrá más fuerza y presión en esta batalla, pero es preciso, que lo hagamos con entendimiento, claridad y determinación), esperando que haya mucha victoria en nuestras vidas y la de los nuestros y que esta a su vez traiga mucha sanación, liberación y vida de Dios. Oremos en batalla espiritual por cada uno de nosotros y los nuestros (ahora puede pasar al servicio de oración o paraliturgia, Anexo #3 página 141)

XIII. Y después de esto, ¿Qué?

La guerra apenas comienza, es importante mantenernos alertas porque, si bien con la ayuda de Jesús iremos ganando batallas a nuestro favor y de nuestra familia, también es cierto que Satanás no se quedará con los brazos cruzados y tratará de hacer retaliación, por lo que es crucial que no bajemos la guardia, que continuemos pendientes, orando constantemente y como sea necesario el Servicio de Oración o Paraliturgia o al menos la Oración Breve de Batalla Espiritual.

Además de las oraciones de batalla espiritual será siempre bueno retomar todos los medios para perseverar y seguir creciendo en nuestra vida cristiana. Se trata de ir levantando murallas firmes y solidad poco a poco en nuestra vida espiritual.

El sacerdote exorcista D. Javier Luzón dice que debemos afianzar la liberación que se realiza y no volver atrás. Asentando una vida cristiana, bien planteada. Por lo que un plan de mantenimiento es necesario, ya que después de la curación viene la etapa de convalecencia, la cual requiere ciertos cuidados, que el cuerpo se acostumbre y se ejercite es estar sano.

Uno de mis pasajes favoritos que nos muestra cómo vivir nuestra vida cristiana intensamente se encuentra en Hech 2, 42-44:

> *Todos se reunían asiduamente para escuchar la enseñanza de los Apóstoles y participar en la vida en común, en la fracción del pan y en las oraciones. Un santo temor de apoderó de ellos, porque los Apóstoles realizaban muchos signos y prodigios. Todos los creyentes se mantenían unidos y ponían lo suyo en común.*

Si bien algunos comentan que lo que tenemos delante de nosotros es una descripción ideal de lo que debería ser una comunidad cristiana, también es importante que entendamos que la suma de estos elementos: (Didajé – Enseñanza de los Apóstoles, Koinonía – Comunidad, Klásei Tou Artou – Fracción del Pan y Proseuxe – Las Oraciones y yo he agregado el ayuno y al final mencionare algo acerca de la práctica de los sacramentales que tanto recomiendan un sin número de sacerdotes que se dedican al ministerio de la liberación y/o el exorcismo), tenían y siguen teniendo un impacto impresionante tanto hacia dentro de la comunidad cristiana de todos los tiempos como hacia afuera.

    a. ***Didajé – La enseñanza de los Apóstoles.*** Durante este caminar hemos ido aprendiendo varias cosas importantes acerca de nuestra fe, pero entre más aprendemos, más nos damos cuenta, lo que aún nos falta, es impresionante el tesoro que tenemos como Iglesia en el Depósito de la Fe de casi dos mil años de tradición y de doctrina. Tendremos que ir poco a poco, pero es mi deseo y mi oración que Dios siembre en sus corazones hambre de Verdad y de Palabra de Dios.

b. *Koinonía* **– La Comunidad.** Dios nos ha querido salvar no en la individualidad, sino como pueblo, por lo que es de suma importancia integrarse a una comunidad de fe, una comunidad de hermanos con los que comparta la vida de Dios en el día a día y que se puedan apoyar y edificar los unos a los otros. No se suelte, manténgase unido a otros que comparten su fe y su caminar.

c. **Klásei Tou Artou – La Fracción del Pan.** Según la Constitución Apostólica *Sacrosantum Concilium* sobre la Sagrada Liturgia, la Fracción del Pan, o la Eucaristía, o el Sacrificio del Señor, es el manantial y cubre de la vida cristiana. No se puede entender a un católico que no es eucarístico porque es ahí, en el memorial del sacrificio de Cristo que el cielo se abre de par en par y Dios derrama su gracia y bendición a manos llenas. Además, otro sacramento muy importante es **la Confesión**, que nos ayuda a descubrir nuestros pecados y pedirle a Dios que nos vaya liberando con un propósito verdadero de que con su gracia vayamos corrigiendo y enmendado nuestras vidas. Aprovechemos y hagamos nuestros los medios de la gracia que el mismo Jesús quiso confiarnos en su Iglesia, los Sacramentos.

d. *Proseuxe* **- Las Oraciones.** Y finalmente tenemos la oración (personal y/o comunitaria) que es como el oxígeno para el cristiano. Como dice el cantautor católico, Martin Valverde la oración no es para la batalla, *la oración es la batalla* y como dijo el Padre Patrick Peyton, CSC. *La familia que ora unida permanece unida.* Según Santa Teresita, la oración, es un grito de amor hacia el cielo, es también, *el fundamento de vuestra paz.* Pueden perder la paz un momento como dice San Serafín de Sarov, pero enseguida hundiéndose en la oración encontrarán la paz nuevamente. *Si vivís angustiados, con estrés, es que todavía no oráis con el corazón.*

e. **El Ayuno** unido a la oración es una de las practicas más importantes en la vida cristiana y en la batalla espiritual, nos purifica el alma, y nos permite tener dominio de sí, que es fruto del Espíritu Santo. Jesús lo había dicho en el Evangelio cuando regresaban sus discípulos: *no hemos podido sacar este demonio. Y Jesús dijo: hay demonios que solamente salen con la oración y el ayuno.* El ayuno repara y es muy poderoso en la intercesión.

f. **Los Sacramentales** que según el numeral 1667 del CIC:

La Santa Madre Iglesia instituyó, además, los sacramentales. Estos son signos sagrados con los que, imitando de alguna manera a los sacramentos, se expresan efectos, sobre todo espirituales, obtenidos por la intercesión de la Iglesia. Por ellos, los hombres se disponen a recibir el efecto principal de los sacramentos y se santifican las diversas circunstancias de la vida.

En el numeral 1669 respecto a los Sacramentales afirma lo siguiente:

Proceden del sacerdocio bautismal: todo bautizado es llamado a ser una "bendición" (Cfr. Gen 12,2) y a bendecir (Cfr. Lc 6,28; Rom 12,14; 1 P 3,9). Por eso los laicos pueden presidir ciertas bendiciones... (Cfr. #1669).

Y respecto a los objetos y los elementos exorcizados en el numeral 1673 dice lo siguiente:

Cuando la Iglesia pide públicamente y con autoridad, en Nombre de Jesucristo, que una persona o un objeto sea protegido contra las asechanzas del Maligno y sustraída a su dominio, se habla de exorcismo. Jesús lo practicó (Cfr. Mc 1,25-26; etc.), de Él tiene la Iglesia el poder y el oficio de exorcizar (Cfr. Mc 3,15; 6,7.13; 16,17).

El P. Gabriel Amorth en su libro *Habla un Exorcista* afirma que con el agua bendita se pide al Señor que su aspersión genere la defensa contra las insidias del maligno y el don de la protección divina. Ahora, si el agua es exorcizada, además ahuyenta todos los poderes del demonio con objeto de extirparlo y expulsarlo; protege las casas y todos los lugares donde moran los fieles contra toda influencia demoníaca.

Respecto al aceite exorcizado afirma que: es bueno para la salud del alma y del cuerpo, y agrega que separa el cuerpo de las adversidades, es decir, cuando una persona ha sufrido algún hechizo ingiriendo algo, el aceite exorcizado ayuda a desprender y liberar el cuerpo de estas impurezas.

La sal exorcizada es para proteger los lugares contra las influencias o las presencias maléficas. Se puede poner en el umbral de la casa o en los cuatro rincones de la habitación o habitaciones que se consideren infestadas.

El incienso bendito, del cual también habla el P. Javier Luzón, el P. Amorth dice que este sirve para alejar a lo demoníaco porque es un elemento de alabanza y adoración a Dios.

El P. Amorth afirma que no faltará en nuestro mundo incrédulo quien se reirá ante estas "supuestas" propiedades, ya que los sacramentales actúan con más eficacia cuanto mayor es la fe; sin esta, son a menudo ineficaces. (P. 76). Todo esto al igual que cualquier otra práctica piadosa y de oración debe estar unida a la totalidad de nuestra vida cristiana, El P. Gabriel Amorth en su obra ya mencionada afirma que:

> *Debemos tener presente que lo mejor y más efectivo contra toda acción demoníaca es vivir es vivir en gracia, pues, si estamos cerca de Cristo y recurrimos a los Sacramentos, Dios vive en nosotros.*

Así pues, todo esto al igual que cualquier otra práctica piadosa y de oración debe estar unida a la totalidad de nuestra vida cristiana. Son por así decirlo, una expresión de que estamos buscando intencionalmente vivir en la plenitud de la vida de Dios, que el mismo Jesús nos ganó por su sacrificio en la cruz. La caridad con los demás también es una consecuencia de haber tomado en serio, una vez más para nosotros y nuestras familias, el vivir en una continua conversión y un continuo combate por la salvación de nuestras almas y las de los nuestros. Así que, vayamos retomando nuestra vida cristiana en cada uno de estos medios de manera que nuestras murallas como las de Jerusalem se vayan levantando sólidas y firmes.

Bibliografía

1. Abel, Robert (2014) *El Guerrero Católico.* Denver Colorado, Valentine Publishing House.

2. Abel, Robert (2014) **Oraciones de Guerra Espiritual.** Denver Colorado, Valentine Publishing House.

3. Barron, Bishop Robert (2019) *Letter to a Suffering Church – A Bishop Speaks on the Sexual Abuse Crisis.* Park Ridge IL. USA. Word on Fire Press.

4. Brown, Raymond E. Fitzmyer, Joseph A. Murphy, Roland E. (1990) *The New Jerome Biblical Commentary.* Englewood Cliffs, NJ. USA. Prentice Hall Press.

5. Consejo Pontificio de la Cultura y Consejo Pontificio para el Diálogo Interreligioso (2003) *Jesucristo Portador del Agua Viva – Una Reflexión Cristiana sobre la Nueva Era.* Ciudad del Vaticano.

6. De María, Juan (2018) *Los Objetos Troyanos* – El enemigo oculto entre nosotros. Aguascalientes, México. Publicado por Eucarísticos de María Intercesora.

7. DeGrandis, Roberto S.S.J. y Schubert, Linda (1992) *Sanación Intergeneracional, Un Viaje a la Profundidad del Perdón.* Madrid, España, Ed, SERECA (Servicio de Publicaciones de la R.C.C.)

8. Friedman, Edwin H. (1996) *Generación a Generación, el proceso de las familias en la Iglesia y en la Sinagoga.* Grand Rapids, Michigan, USA. Editorial Nueva Creación.

9. Hampsch, John C.M.F. (2005) *Sanar tu Árbol Genealógico, Una Solución Diseñada por Dios para Problemas Difíciles.* Goleta CA. Ed. Queenship.

10. Hughes, Kevin L. & Walters, Thomas P. (2006) *Historia de la Iglesia – El Legado de la FE.* Chicago Il. Loyola Press.

11. ICRRS, The Doctrinal Commission (2017) *Deliverance Ministry,* Vatican City, Published by the National Service Committee, USA.

12. ICRRS, Comisión Doctrinal. (2007) *Directrices para las Oraciones de Sanación* – Vatican City.

13. Kelly, Joseph F. (2003) **Responding to Evil,** Collegeville, Minnesota, USA. Liturgical Press.

14. Luzón P. Don Javier. (2017) **Las Seis Puertas del Enemigo - Experiencias de un Exorcista.** Córdoba, España. Ediciones ALTOLACRUZ, S.L.,

15. La Verdiere, Eugene, S.S.S. (1999). **The Beginning of the Gospel – Introducing the Gospel According to Mark** – Volume 2. Collegeville, Minnesota. The Liturgical Press.

16. MacNutt, Francis. (1981) **The Prayer that Heals, Praying for Healing in the Family.** Notre Dame, Indiana, USA. Ave Maria Press

17. Maldonado, Jorge E. (1994) **Aún en las mejores familias.** Grand Rapids, Michigan, USA. Editorial Libros Desafío.

18. Ott, Ludwig (2009) **Manual de teología dogmática.** España. Editorial Herder.

19. Padovani, Martin H. (1999) **Healing Wounded Emotions, Overcoming Life's Hurts.** Mystic Ct. USA. Twenty Third Publications.

20. Papa Juan Pablo II (11 de febrero, 1984) **Carta Apostólica Salvifici Doloris – Sobre el Sentido Cristiano del Sufrimiento.** Roma, Italia.

21. Papa Juan Pablo II (2 de diciembre, 1884) **Exhortación Apostólica Reconciliatio et Paenitentia – Sobre la Reconciliación y la Penitencia en la misión de la Iglesia de Hoy.** Roma, Italia.

22. Papa Juan Pablo II (29 de noviembre, 1998) **Bula Incarnationis Mysterium.** Roma, Italia.

23. Papa Juan Pablo II – Promulgado (1997) **Catecismo de la Iglesia Católica – Segunda Edición.** Ciudad del Vaticano. Librería Editrice Vaticana.

24. Papa Francisco, (19 de marzo, 2018) **Exhortación Apostólica Gaudete et Exsultate sobre el llamado a la santidad en el mundo actual.** Roma Italia.

25. Rohr, Richard (2005). **Job and The Mystery of Suffering** (Spiritual Reflections). New York, NY. The Crossroad Publishing Company.

26. Roy, Ghislain (2011) **Para liberarse y sanar: consejos, oraciones de liberación y sanación.** Barcelona, España. Parangona Realización Editorial.

27. Ssemakula, Yosefu – B. (2015) ***La Sanación de Familias. Cómo Orar Eficazmente por Aquellos Problemas Personales y Familiares Inquebrantables.*** Ed. Healing of Families.

Videografía

1. Alexandra Cespedes (28 de febrero, 2019), *¿Cómo hacer un genograma básico?*
    https://youtu.be/gZ6MaZ9S7jM

2. D. Javier Luzón Peña - HMTelevision (15 de enero, 2018), *Entre profesionales: La acción extraordinaria del demonio (Siete Videos).*
    https://youtu.be/TnYiBZc31GI

3. Fray Nelson Medina (30 de abril, 2020), *Sanación intergeneracional - Honestamente 015.*
    https://youtu.be/VvB8VRYyk5E

4. Fr. Joseph-Marie Verlinde (20 de abril, 2016), *Del yoga y el ocultismo a un monasterio.*
    https://youtu.be/TbgHxYUXk3E

5. Fr. Ghislain Roy - Parroquia Sto. Cristo del Calvario Marbella (2 de julio, 2014), *Retiro de Sanación y Liberación.*
    https://youtu.be/thzlHHQFAbQ

6. Fulton, Sheen. (Venerable) – CatholicClips (20 ce mayo, 2013), *The Devil – Venerable Fulton Sheen.*
    https://youtu.be/FuCw8UT5y6c

7. Padre Germán - Rosita Paris (23 de agosto, 2013), *La Sanación Intergeneracional.*
    https://youtu.be/t_to2CYeC4o

Anexo #1 Cuestionario

Oración: Dios bueno y misericordioso me acerco a ti humildemente y te pido que envíes tu Espíritu Santo y me cubras con su luz de manera que me ayude a recordar a todas personas que necesito perdonar y a las situaciones, eventos, que necesitan ser sanadas y liberadas en mí árbol genealógico. Protégeme y cúbreme con la sangre preciosa de tu Hijo Jesús, Amén.

1. Lista de las **personas que necesito perdonar.** Anote en seguida los nombres o las iniciales. Efesios 4, 32.

1	11
2	12
3	13
4	14
5	15
6	16
7	17
8	18
9	19
10	20

1.1 Lista de las personas que **necesito pedirles perdón.** Anote en seguida los nombres o las iniciales.

1	6
2	7
3	8
4	9
5	10

1.2 Letra inicial de la **persona que más daño me ha hecho en la vida**_____

1.3. Lista de las situaciones, pecados o acontecimientos por las que necesito **perdonarme**

1	6
2	7
3	8
4	9
5	10

2. Seleccione, si en su árbol genealógico han sucedido algunos de los **siguientes traumas o heridas en usted u otros niños en su árbol genealógico** (desde el vientre de la madre).

o	Abortos inducidos	o	Abortos espontáneos
o	Negligencia o abandono por qué no se dio: comida, refugio, afecto, educación, o atención médica.	o	Abuso Sexual, exposición a material pornográfico, relaciones sexuales, tocamientos, etc.
o	Abuso Físico golpes, sacudidas, empujones, quemaduras, etc.	o	Abuso Emocional, ataques verbales, ignorarlos, aislarlos, etc.
o	Partos difíciles	o	Gestaciones anormales
o	Secuestro	o	Otros, agregue...

3. Lista de los **vínculos dañinos** causados por pecados en contra del matrimonio o **desviaciones sexuales.**

o	Supresión o abuso de la esposa	o	Supresión del esposo
o	Deseo de muerte	o	Lujuria
o	Violencia	o	Odio al cónyuge
o	Venganza	o	Ira o rencor
o	Infidelidad	o	Decepción
o	Divorcio	o	Tensión familiar
o	Vínculos espirituales negativos (logias, cultos, bandas...)	o	Relaciones Sexuales fuera del Matrimonio.
o	Vínculos Físico-Sexuales	o	Incesto

o	Exhibicionismo	o	Fornicación
o	Masturbación	o	Acoso Sexual
o	Ninfomanía	o	Prostitución
o	Agresión Sexual o Violación	o	Bestialidad
o	Masoquismo	o	Sadismo
o	Traumas Sexuales	o	Homosexualidad
o	Lesbianismo	o	Pornografía
o	Relaciones de Control o Dominantes	o	Vínculos Emocionales
o	Luto Prolongado	o	Otros...

3.1. Nombres o iniciales de las personas que con las que usted realizó alguna(s) de las prácticas o con las que tiene vínculos señalados en la lista anterior.

1	8	15
2	9	16
3	10	17
4	11	18
5	12	19
6	13	20
7	14	22

4. Lista de los diferentes **patrones de conducta nocivos o ataduras personales y familiares** que haya descubierto en el ejercicio del genograma y en el seminario en general

Mentales o Psicológicos

o	Comportamiento anormal	o	Comportamiento Antisocial	o	Paranoia
o	Esquizofrenia	o	Patrón Agresivo	o	Patrón Pasivo
o	Tics nerviosos	o	Inflexibilidad	o	Perfeccionismo
o	Maniacodepresivo	o	Bipolaridad	o	Autodestrucción

131

o Narcicismo	o Patrón Compulsivo	o Negativismo
o Otros...		

Fobias u Odios

o Agua	o Hombres	o Mujeres
o Obscuridad	o Rechazo	o Fracaso
o Ciertos animales	o A espacios cerrados	o Espacios abiertos.
o Dios	o La muerte	o Salir de la casa
o Hablar en publico	o Viajar en Avión	o Al dolor
o Agujas o inyecciones	o A si mismo	o A la Religión
o A Dios	o Racial	o Fanatismo Religioso
o Sangre	o Éxito	o Alturas
o Tormentas	o A estar Solo	o Payasos
o A envejecer	o A embarazarse	o Accidentes
o Otros...		

Hábitos Nocivos – Adicciones

o Juego – Apostar	o Sexo	o Internet
o Celular	o Sectas	o Codependencia
o Compras compulsivas	o Alcohol	o Nicotina
o Cocaína	o Marihuana	o Opiáceos
o Sedantes	o Hipnóticos	o Anfetaminas
o Éxtasis	o Heroína	o Anorexia
o Bulimia	o Comedor compulsivo	o Acumular
o Derrochar	o Mezquindad	o Robo
o Otros		

Enfermedades Físicas

o Corazón	o Tumores	o Retraso Mental
o Riñones	o Menstruales	o Ojos delicados
o Hígado	o Hormonales	o Enfermedades Raras
o Páncreas	o Infertilidad	o Mala dentadura
o Cáncer	o Frigidez	o Respiratorias
o Digestivas	o Impotencia	o Migraña
o Huesos	o Próstata	o Convulsiones
o Piel	o STD's	o Pulmones
o Obesidad	o Deformidades	o Inmunodeficiencias
o Peso Bajo	o Sordera	o Reumatismo
o Ulceras	o Artritis	o Pie plano
o Sangre	o Alergias	o Otras…

Muertes raras y violentas

o Largas agonías	o Muertes violentas	o A edad temprana
o Baleados	o Quemados	o Explosiones
o Apuñalados	o Ahorcados	o Ahogados
o Muertos en Guerra	o Por animales	o Misteriosa
o Desaparecido	o Accidentes fatales	o Suicidio
o Asfixiado	o Envenenados	o Otros…

Dolor por ser Diferentes

o Color de piel	o Color de los Ojos	o Tamaño del Cuerpo
o Talentos o Cualidades	o Idioma	o Cultura
o Raza	o Sentirse feo	o Sentirse raro
o 'Defectos' físicos	o Deformidades	o Retrasos
o Otros…		

5. Lista de **las prácticas ocultistas** en las que yo o cualquier miembro de mi familia nos hemos visto envueltos.

o	Brujería	o	Vudú	o	Hechicería
o	Todo tipo de magia	o	Astrología	o	Reiki
o	Yoga	o	Hipnosis	o	Regresión
o	Escritura automática	o	Horóscopos	o	Numerología
o	Lectura de la mano	o	Levitación	o	Votos Satánicos
o	Pactos	o	Ataduras	o	Vínculos
o	Clarividencia	o	Médiums	o	Videntes Ocultos
o	Espiritismo	o	Adivinos	o	Santa Muerte
o	Cartas del Tarot	o	Limpias	o	Pasada del Huevo
o	Listón Rojo	o	Amuletos	o	Idolatría
o	Tabla Guija	o	Charly, Charly	o	Ballena azul
o	Juegos Ocultos	o	Lectura del Café	o	Feng Shui
o	Curanderismo	o	Acupuntura	o	Mala Enfermedad
o	Cuarzos	o	Talismanes	o	Templo Budista
o	Templo Mormón	o	Templo Masónico	o	Literatura Ocultista
o	Sofrología	o	Psíquico (líneas)	o	Satanismo
o	Encantamiento	o	Santería	o	Música Satánica
o	Masonería	o	Mantras	o	Lectura del aura
o	Yerberías	o	Opresión	o	Obsesión
o	Pactos de Sangre	o	Cientología	o	Teosofía
o	Mormones	o	Otras Sectas	o	Maleficios
o	Culto a los ángeles	o	Eneagrama	o	Esoterismo
o	Iridología	o	Flores de Bach	o	Karma
o	Velas de colores	o	Cábala	o	Objetos de Superstición
o	Literatura de la Nueva Era	o	Libros o Películas de naturaleza demoniaca	o	Otros...

6. Lista de los **Pecados de la Lengua, Maldiciones y/o Maleficios hechos o recibidos**

1	10
2	11
3	12
4	13
5	14
6	15
7	16
8	17
9	18

Oración final: Yo «Clamo sobre mí sobre mis familiares, la Sangre del Cordero de Dios, que nos purifica los pecados del mundo y que rompe con cualquier estrategia o maquinación del enemigo. Prohíbo a cualquier espíritu o enfermedad, que tome venganza por lo que ha sucedido en esta actividad. Rechazo cualquier sentimiento de ira, impaciencia, lujuria, rencor (o cualquier otro) adherirse a mi persona. En el Nombre de Jesús, por la intercesión de María, nuestra Madre, la Siempre Virgen, quedo bajo su protección. Amén».

Anexo 2: Oración de Renuncia, Profesión de Fe y Quema de Amuletos

Se comienza con la señal de la cruz diciendo:

En el nombre del Padre y del Hijo y del Espíritu Santo

Oración de Renuncia

Padre Santo, en el Nombre de Jesús tu hijo amado, y con la dirección de tu Santo Espíritu, me pongo en tu presencia para darte gracias por permitir acercarme a ti y reconocer mi estado de pecado. Purifica y transforma mis pensamientos y afectos, mi mentalidad y comportamientos; suscita en mí una sincera conversión. Hoy, como el Hijo Pródigo quiero voluntariamente reconocer que he pecado contra el cielo y contra ti, que me arrepiento de haberte ofendido. Ante ti Señor confieso mi pecado, reconozco que no soy digno(a) de ser llamado hijo(a) tuyo(a), pero sé y creo que por tu infinita misericordia y por la Salvación que me ha ganado Jesús en la cruz, me reconcilias contigo. Por eso Señor, en este instante quiero renunciar públicamente a todo aquello que me separe de ti:

Renuncio a Satanás; al pecado, como negación de Dios; a la mentira, como ofuscación de la verdad; a la violencia, como contraria al amor.

Renuncio a las obras de Satanás; a la soberbia, a la avaricia, a la envidia, a la ira, a la lujuria, a la gula, a la pereza, al odio, a la cobardía e indiferencia, a la injusticia; a la falta de fe, de esperanza y de caridad.

Renuncio a todas las seducciones de Satanás; a los abusos, a la discriminación, a la hipocresía, al cinismo, al orgullo y al desprecio a los demás.

Renuncio a la vida materialista que me ofrece el mundo, al dinero como aspiración única y suprema, al placer por el placer sin valores, al provecho propio por encima del bien común, del amor y del cuidado de los demás.

Renuncio a todo ídolo que yo mismo me haya forjado durante mi vida, posición social, bienes, a los amuletos, talismanes y otras creencias opuestas a nuestra fe.

Oración con la Profesión de la Fe

Esta oración, también puede ser ofrecida para recitarla en el momento del Credo. Téngase en cuenta, que es prolongación

137

de la anterior, pero orada en dos momentos.

Señor, habiendo renunciado a satanás padre y príncipe del pecado, al cual en este instante repudio y expulso de mi vida; me pongo al lado de Jesús mi Señor y Salvador, de "Aquél que nos da la vida, y la vida en plenitud", para declarar públicamente con mi boca una sincera profesión de fe:

Creo en ti Dios Padre Todopoderoso, creador del cielo y de la tierra.

Creo en Jesucristo tu único hijo, que nació de Santa María Virgen, murió y fue sepultado, resucitó entre los muertos, y está sentado a tu derecha Padre Santo, a quien desde ahora declaro mi Señor y Salvador. EL, que, en la Cruz, pagó con su sangre por todos mis pecados, dándome así la libertad de los Hijos de Dios.

Creo en el Espíritu Santo, mi consolador, abogado, maestro, guía, compañero y defensor, Señor y dador de vida, el intercesor que Cristo nos ha dado.

Creo en la Santa Iglesia Católica, en la comunión de los Santos, en el perdón de los pecados, la resurrección de los muertos y en la vida eterna.

Gracias Señor por perdonar mis pecados, y acogerme en tu casa como al hijo pródigo, por redescubrir y reavivar la alegría de creer, por volver a encontrar el entusiasmo de comunicar la fe, proponiéndola a todos. Gloria y honor a tu santo nombre, Amén.

> Oración para deshacerse de amuletos y protegerse de cualquier mal que estos puedan provocarle.

Ahora con toda humildad y apertura a la acción de Dios Padre, por tu hijo Jesucristo y con el poder del Espíritu Santo. Yo clamo sobre mí, sobre mis familiares, mi comunidad, mis amigos y pertenencias, la Sangre del Cordero de Dios, que nos purifica de los pecados del mundo y que rompe con cualquier estrategia o maquinación del enemigo. Prohíbo a cualquier espíritu o enfermedad, que tome venganza sobre mí, mis familiares, mi comunidad, mis amigos o pertenencias, por lo que se haya hecho sobre estos objetos abominables, amuletos, talismanes y cualquier otro objeto(s) de los que no tengo conocimiento de su ubicación dentro de nuestra casa pero que también son abominables para ti. Prohíbo a cualquier sentimiento de ira, impaciencia, lujuria, rencor (o cualquier otro que haya estado experimentando – si experimentó algún otro puede mencionarlos…) adherirse a mi persona. Pido al ángel de mi guarda y a San Miguel arcángel, ponerse alertas y protegerme ante cualquier ataque. En el Nombre de Jesús, bendigo estos artículos (rociar, si tiene agua bendita o exorcizada sobre ellos) y los destruyo (quebrarlos, quemarlos y enterrar lo que sobre); para que no me hagan daño, ni a mis familiares, amigos y pertenencias; ahora quedamos bajo la protección y nos cubrimos con la sangre redentora de Jesús, y que por intercesión de nuestra Madre María, la Siempre Virgen, en este hogar nuevamente reine la paz, la armonía y el amor, lo pedimos en el Nombre del Padre, del Hijo y del Espíritu Santo. Amén.

Padre Nuestro, Ave María y Gloria.

Se puede continuar rezando estos tres mientras se queman, se quiebran o se entierran todos los objetos o una vez antes de comenzar a hacerlo y cuando haya terminado.

Anexo # 3: Servicio de Oración por la Sanación de la Familia

El siguiente servicio de oración para pedir la sanación y liberación de nuestras familias va acompañado de una preparación catequética y evangelizadora que guía a las personas a entender lo que presentaremos a Dios en nuestras suplicas.

Este servicio puede ser dirigido por un Ministro Ordenado (**M) o por un Líder de oración Laico (L). La oración fue diseñada para hacerse en comunidad, en pequeños grupos de oración, como familia, o al menos como pareja/matrimonio.

Antes de comenzar encenderemos el **Cirio Pascual Bendito** (si se tiene uno) con las oraciones propias de la Vigilia Pascual – tocando los cinco granos de incienso en forma de cruz (primero el palo vertical, luego el horizontal), quien dirige la oración dice:

**Por sus llagas
santas y gloriosas
nos proteja
y nos guarde
Jesucristo nuestro señor. Amén**

Se enciende el cirio diciendo:

M/L: Que la Luz de Cristo, que resucita glorioso, disipe las tinieblas del corazón y del espíritu.

Todos: *Amén*.

Oración de la coraza de San Patricio

*Todos: Cristo conmigo, Cristo ante mí,
Cristo tras de mí, Cristo en mí,
Cristo debajo de mí, Cristo sobre mí,
Cristo a mi derecha, Cristo a mi izquierda,
Cristo cuando me acuesto, Cristo cuando me levanto,
Cristo en el corazón de toda persona que piensa en mí,
Cristo en la boca de toda persona que hable de mí,*

Cristo en todo ojo que me ve,
Cristo en todo oído que me escucha. Amen.

Nos ponemos de pie

Si es posible y se cuenta con quien lo pueda hacer, comenzamos con un CANTO DE ENTRADA que disponga nuestros corazones a la acción sanadora y liberadora de Dios.

Comenzamos invocando a la Santísima Trinidad:

M/L: En el Nombre del Padre del Hijo y del Espíritu Santo...

Oración de Protección Inicial[24]

Para comenzar esta Paraliturgia (o cualquier actividad, retiro o conferencia) recomendamos hacer la siguiente oración de protección.

Todos: *Al iniciar esta oración, Yo _____ (agregue su nombre) y en representación de toda mi familia _____ (agregue los dos apellidos familiares) en el bendito Nombre de Jesús, por el poder de su Sacratísimo Corazón, clamo sobre mí, sobre mi familia, mi comunidad, mis amigos y pertenencias, la Sangre del Cordero de Dios, que nos purifica de los pecados del mundo y que rompe con cualquier estrategia o maquinación del enemigo, me amparo a la intercesión de nuestra Madre María, la siempre Virgen, la de todos los santos del cielo, la de San Miguel Arcángel, la de nuestro Ángel de la Guarda para que nos asistan en este momento y en cada batalla. Nos revestimos de la armadura de Dios para resistir las insidias del demonio y nos mantenemos firmes para el combate, ceñidos con el cinturón de la verdad y vistiendo la justicia como coraza, en la mano sostenemos el escudo de la fe para poder apagar todas las flechas encendidas del Maligno. Nos colocamos el casco de la salvación y la espada del Espíritu que es la Palabra de Dios. En el Nombre de Jesucristo y por los méritos de su pasión, muerte y resurrección, atamos a todos los espíritus del aire, la atmósfera, el agua, el fuego, el viento, la tierra, los abismos, el infierno, y a todo aquello que necesita ser atado y quiera perjudicarnos o hacernos daño, en este mismo momento. En el Nombre de Jesús atamos también toda influencia de cualquier alma errante o pérdida, de cualquier emisario del poder satánico o de cualquier reunión de brujos(as) o adoradores de Satán, que puedan estar presentes de cualquier forma y les prohibimos bloquear nuestras oraciones.*

---

24. Tomada y editada de la Oración de Sellamiento del Padre Robert DeGrandis.

La siguiente parte la oramos **tres veces...**

Todos: *En el Nombre de Jesús, sello con su sangre este lugar y a todos los presentes, y a todas las familias de aquellos aquí presentes y sus hogares, pertenencias y fuentes de sustento.*

A continuación, rezamos el **Padre Nuestro, Ave María y Gloria**; se puede rezar en español o hemos agregado sus versiones en latín si gusta rezarlo en este idioma.

Padre Nuestro...

Pater noster qui es in coelis, sanctificetur nomen tuum; adveniat regnum tuum, fiat voluntas tua, sicut in coelo et in terra. Panem nostrum quotidianum da nobis hodie, et dimitte nobis debita nostra, sicut et nos dimittimus debitoribus nostris. et ne nos inducas in tentationem sed libera nos a malo.

Dios te Salve María...

Ave Maria, gratia plena, Dominus tecum. Benedicta tu in mulieribus, et benedictus fructus ventris tui, Iesus.
Sancta Maria, Mater Dei, ora pro nobis peccatoribus, nunc et in hora mortis nostrae. Amen.

Gloria al Padre...

Gloria Patri, et Filio, et Spiritui Sancto.
Sicut erat in principio, et nunc, et semper, et in sæcula sæculorum. Amen.

Y concluimos juntos...

Todos: *Que la sangre de Jesús nos cubra con sus bendiciones y que el refugio de su Sagrado Corazón nos proteja y nos guarde durante esta oración y en cada batalla que tengamos que librar por nuestra salvación y la de nuestra familia, te lo pedimos a Ti, que vives y reinas con el Padre y el Espíritu Santo, un solo Dios, por los siglos de los siglos. Amen.*

Rito Penitencial

M/L: Para disponer nuestros corazones para esta oración les invito a que reconozcamos nuestros pecados y pidamos la misericordia de Dios sobre nosotros y nuestras familias:

Podemos rezarlo en latín o seguirlo en español (abajo) esta versión larga del **YO CONFIESO.**

Todos: *Confíteor Deo omnipoténti, beatæ Mariæ semper Vírgini, beato Michäeli Archángelo, beato Ioanni Baptístæ, sanctis Apóstolis Petro et Paulo, ómnibus Sanctis, et vobis, fratres: quia peccávi nimis cogitatióne, verbo et ópere. Mea culpa, mea culpa, mea máxima culpa.*
Ídeo precor beatam Maríam semper Vírginem, beatum Michäelem Archángelum, beatum Ioannem Baptístam, sanctos Apóstolos Petrum et Paulum, omnes Sanctos, et vos, fratres, oráre pro me ad Dóminum Deum nostrum. Amén.

Yo, pecador me confieso a Dios todopoderoso a la bienaventurada siempre Virgen María, al bienaventurado san Miguel Arcángel, al bienaventurado san Juan Bautista, a los santos Apóstoles Pedro y Pablo, a todos los santos, y a ustedes, hermanos, que pequé gravemente de pensamiento, palabra y obra; por mi culpa, por mi culpa, por mi gravísima culpa. Por eso, ruego a Santa María siempre Virgen, al bienaventurado san Miguel Arcángel, al bienaventurado san Juan Bautista, a los santos Apóstoles Pedro y Pablo, a todos los santos, y a ustedes, hermanos, que intercedan por mí ante Dios nuestro Señor. Amén.

M/L: Oremos, Dios todopoderoso tenga misericordia de nosotros, perdone todos nuestros pecados, los de nuestras familias, nos reconcilie, nos sane, nos libere y nos guarde para la vida eterna.

Todos: *Amén.*

M/L: Ahora, alabemos juntos a Jesús Rey y Señor de todo lo creado

Himno[25]

Todos: Oh príncipe absoluto de los siglos,
Oh, Jesucristo, rey de las naciones:
te confesamos árbitro supremo
de las mentes y de los corazones.

En la tierra te adoran los mortales
y los santos te alaban en el cielo,
unidos a sus voces te aclamamos
proclamándote rey del universo.

Oh, Jesucristo, príncipe pacífico:

---

25. Tomado de las primeras vísperas de la Solemnidad de Nuestro Señor Jesucristo, Rey Universal.

somete a los espíritus rebeldes,
y haz que encuentren el rumbo los perdidos
y que en un solo aprisco se congreguen.

Para eso pendes de una cruz sangrienta,
y abres en ella tus divinos brazos;
para eso muestras en tu pecho herido
tu ardiente corazón atravesado.

Para eso estás oculto en los altares
tras las imágenes del pan y el vino;
para eso viertes de tu pecho abierto
sangre de salvación para tus hijos.

Por regir con amor el universo,
glorificado seas, Jesucristo,
y que contigo y con tu eterno Padre
También reciba gloria el Santo Espíritu. Amén.

M/L: Oremos, Dios, Padre nuestro, que has propuesto a la Sagrada Familia como maravilloso ejemplo a los ojos de tu pueblo, concédenos, te rogamos, que todas y cada una de las familias que hoy presentamos delante de ti (breve pausa), heridas por el pecado y sus consecuencias; para que por tu misericordia sean sanadas y liberadas, de manera que puedan vivir en la plenitud del amor y de la vida que Tú nos ofreces en tu Hijo Jesucristo que contigo vive y reina, con el Espíritu Santo, un solo Dios, por los siglos de los siglos.

Todos: *Amén.*

> **Nos podemos sentar** para escuchar atentamente la Palabra
> de Dios que sana y libera.

Lectura del Libro de Esdras 9, 3-9

Lector: Cuando me enteré de esto, me rasgué los vestidos y el manto, me afeité la cabeza y la barba y me senté desolado. Todos los que respetaban la Ley del Dios de Israel se reunieron junto a mí al enterarse de esta traición de los deportados. Permanecí abatido hasta la hora de la oblación de la tarde. Pero al llegar ese instante acabé mi penitencia, y con el vestido y el manto rasgados, me arrodillé y alcé las manos al Señor, mi Dios, diciendo: —Dios mío, de pura vergüenza no me atrevo a levantar el rostro hacia ti, porque nuestros delitos sobrepasan nuestra cabeza y nuestra culpa llega al cielo. Desde los tiempos de nuestros padres hasta hoy nos hemos hecho muy culpables, y por nuestros

delitos, nosotros con nuestros reyes y sacerdotes hemos sido entregados a reyes extranjeros, a la espada, al destierro, al saqueo y a la ignominia, como nos sucede en el día de hoy. Pero ahora el Señor, nuestro Dios, nos ha concedido un momento de gracia, dejándonos un resto y de darnos un refugio en su lugar santo, dando luz a nuestros ojos y concediéndonos respiro en nuestra esclavitud. Porque éramos esclavos, pero nuestro Dios no nos abandonó en nuestra esclavitud; él nos obtuvo el favor de los reyes de Persia, nos dio respiro para levantar el templo de nuestro Dios y restaurar sus ruinas y nos dio una muralla en Judá y Jerusalén.

Lector: *Palabra de Dios.*

Todos: *Te alabamos Señor*

Salmo: 91[26] Puede ser recitado a dos coros:

1. Tú que vives al amparo del Altísimo
y resides a la sombra del Todopoderoso,
di al Señor: "Mi refugio y mi baluarte,
mi Dios, en quien confío".

2. Él te librará de la red del cazador
y de la peste perniciosa;
te cubrirá con sus plumas,
y hallarás un refugio bajo sus alas.

1. No temerás los terrores de la noche,
ni la flecha que vuela de día,
ni la peste que acecha en las tinieblas,
ni la plaga que devasta a pleno sol.

2. Aunque caigan mil a tu izquierda
y diez mil a tu derecha,
tú no serás alcanzado:
su brazo es escudo y coraza.

1. Con sólo dirigir una mirada,
verás el castigo de los malos,
Porque hiciste del Señor tu refugio

26. **El Salmo 91 es uno de confianza**, escrito tal vez por un sacerdote o un profeta. Habla de la protección de Dios a sus fieles por medio de sus ángeles y quiere equiparnos para la batalla contra el malo. Una sola idea se repite a lo largo del Salmo: *los que se refugian en el Señor pueden afrontar confiadamente cualquier dificultad, porque cuentan con la constante y eficaz protección divina.*

y pusiste como defensa al Altísimo.

2. No te alcanzará ningún mal,
ninguna plaga se acercará a tu carpa,
porque él te encomendó a sus ángeles
para que te cuiden en todos tus caminos.

1. Ellos te llevarán en sus manos
para que no tropieces contra ninguna piedra;
caminarás sobre leones y víboras,
pisotearas cachorros de león y serpientes.

2. Él se entregó a mí,
por eso, yo lo libraré;
lo protegeré, porque conoce mi Nombre;
me invocará, y yo le responderé.

1. Estaré con él en el peligro,
lo defenderé y lo glorificaré;
le haré gozar de una larga vida
y le haré ver mi salvación".

Nos ponemos de pie y escuchamos atentamente el Evangelio del Señor.

Evangelio - Lucas 4,16-21

**M: El Señor esté con ustedes.

Todos: *Y con tu espíritu.*

M/L: Del Santo Evangelio según San Lucas

Todos: *Gloria a ti Señor*

M/L: Jesús fue a Nazaret, donde se había criado; el sábado entró como de costumbre en la sinagoga y se levantó para hacer la lectura. Le presentaron el libro del profeta Isaías y, abriéndolo, encontró el pasaje donde estaba escrito:
El Espíritu del Señor está sobre mí, porque me ha consagrado por la unción. Él me envió a llevar la Buena Noticia a los pobres, a anunciar la liberación a los

cautivos y la vista a los ciegos, a dar la libertad a los oprimidos y proclamar un año de gracia del Señor.

Jesús cerró el Libro, lo devolvió al ayudante y se sentó. Todos en la sinagoga tenían los ojos fijos en él. Entonces comenzó a decirles: «Hoy se ha cumplido este pasaje de la Escritura que acaban de oír».

M/L: Palabra del Señor

Todos: *Gloria y honor a ti Señor Jesús.*

> **Nos podemos sentar** y se puede hacer una breve homilía (M) o una reflexión sobre las lecturas (L) o, alguna de ellas y su relación con nuestra paraliturgia, o continuar directamente con la siguiente oración.

Oración de Sanación y Liberación[27]
Cerrando todas las puertas/puntos de acceso a satanás y consagrando nuestras vidas a Dios y Señor Nuestro.

Para la siguiente parte de la oración es importante que tenga a la mano su cuestionario lleno con:

1. La lista de las **personas que necesito perdonar, pedir perdón** y las situaciones por las que necesito perdonarme.
2. La lista de los diferentes **traumas** provocados en la niñez.
3. La lista de los **vínculos dañinos** causados por las relaciones enfermizas.
4. Su Genograma o Árbol Genealógico y la lista de las **diferentes ataduras** personales y familiares enfermedades físicas, psicológicas o mentales, fobias y odios, adicciones de todo tipo, hábitos incorregibles, muertes raras o violentas, racismo y división, etc.
5. La lista de las **prácticas ocultistas** en las que haya participado usted o alguien en su familia.
6. Lista de las **maldiciones** y/o **maleficios** hechos por mí, contra mí o contra los míos.

M/L: Los invito a tomar con calma esta oración, a momentos puede parecer abrumadora y tocar algunas áreas sensibles o dolorosas de nuestras vidas. Re-

---

27. Inspirada en la Oración de Sanación Intergeneracional del P. Robert DeGrandis y Editada por José Juan Valdez, MA.

cuerde que Jesús está en total control y Él irá actuando sobre lo que le presentemos, y el Espíritu Santo irá sacando a la superficie lo que esté preparado para ser sanado y liberado.

La primera parte de nuestra oración está centrada en un elemento muy importante de la vida cristiana, **EL PERDÓN**, tenga a la mano la **lista #1 de las personas que necesita perdonar o pedir perdón...**

M/L: TE INVITO A PERDONAR A AQUELLOS QUE TE HAYAN HERIDO Y A PEDIR PERDÓN A LOS QUE TU HAYAS HERIDO... oramos juntos:

Todos: *Señor, me sumerjo en un perdón profundo para permitir hoy limpiarme de cualquier raíz de rencor, amargura o resentimiento. Por un acto de mi voluntad presento delante de ti a las siguientes personas* _____ (nombrar en el silencio de su corazón **a todas las personas en su lista #1** que necesite perdonar...), *las perdono desde lo más profundo de mi corazón y las bendigo* (Breve pausa). *Jesús, porque te amo, digo a esas personas: Aunque me hayan herido, yo no las voy a herir. Pido de todo corazón que conforme a tu infinita misericordia pronto te reconozcan como su Salvador y su Señor y te entreguen sus vidas de una vez y para siempre. Bendito seas Señor Jesús.*

Dios de misericordia, también reconozco que me he equivocado muchas veces y en mi debilidad he hecho mucho daño a las personas que habrías puesto cerca de mí mostrarles tu amor, por eso hoy quiero con un corazón arrepentido, en profunda humildad y reconocimiento pedir perdón a _____ (nombrar en el silencio a todas las personas en su **lista #1.1 que necesite pedir perdón...**), *para que donde quiera que estén encuentren misericordia en su corazón por mis faltas de amor o por mis palabras o acciones destructivas por las que les ofendí o les dañe. En el nombre de Jesús les suplico me perdonen.* (Guardamos silencio y experimentamos el perdón que nos trae paz y serenidad).

M/L: Pon tu mano en tu corazón y recibe ahí en silencio esta Palabra de Dios de la Carta a los Efesios: *Eviten la amargura, los arrebatos, la ira, los gritos, los insultos y toda clase de maldad. Por el contrario, sean mutuamente buenos y compasivos, perdonándose los unos a los otros como Dios los ha perdonado en Cristo.* (Ef. 4, 31 – 32).[28]

M/L: AHORA TE INVITO A PERDONAR Y ORAR POR LA PERSONA QUE MÁS TE HAYA HERIDO... oramos juntos:

---

28. Creemos que la Palabra de Dios es poderosa, sanadora y liberadora, por eso después de cada oración proclamaremos algunos versículos que vayan a lo más profundo de nuestros corazones y realicen la obra propia de la Palabra de Dios (Cfr. Is 55, 11).

Todos: *Señor, ahora te ruego por la persona que más daño me ha hecho en la vida* _____ (menciona el nombre en el silencio del corazón), *la que es como el origen de todo mi dolor, tristeza y amargura. Y porque en tu amor infinito me has perdonado a mí una y otra vez, hoy decido perdonarle de todo corazón en el Nombre de Jesús de una vez y para siempre y que a los pies de la cruz sea destruido todo mal y pueda tener la paz que tanto he buscado. Lo/la presento delante de ti, para que reciba tu bendición y tu misericordia.*

M/L: Pon tu mano en tu corazón y recibe ahí en silencio esta Palabra de Dios de la Carta a los Colosenses: *Sopórtense los unos a los otros, y perdónense mutuamente siempre que alguien tenga motivo de queja contra otro. El Señor los ha perdonado: Hagan ustedes lo mismo. Sobre todo, revístanse del amor, que es el vínculo de la perfección.* (Col. 3, 13-14). Y recibe en tu interior la paz que viene de Dios, paz para tu mente y paz para tu corazón de hoy en adelante.

M/L: AHORA TE INVITO A PERDONARTE... oramos juntos:

Todos: *Señor Jesús, te pido la gracia de perdonarme de verdad por todos y cada uno de mis pecados, de manera especial por mi mayor pecado. Me perdono, Señor por* _____ (en el silencio de su corazón trae ese pecado, evento o situación (**lista # 1.3**) *que sigues cargando y no te permiten ser feliz) que sucedió en mi vida y por lo cual sigo culpándome y sufriendo tanto. Señor tú me has perdonado y hoy me perdono de una vez y para siempre, y me doy un abrazo de paz y reconciliación, agradeciendo tu misericordia y tu amor tierno que inunda toda mi persona en este momento.*

M/L: Ahora pon tus manos cruzadas sobre tus hombros como abrazándote y recibe ahí en silencio esta Palabra de Dios de la Carta a los Colosenses: *Que la paz de Cristo reine en sus corazones: esa paz a la que han sido llamados...* (Col. 3, 15a).

M/L: AHORA TE INVITO A PEDIR PERDÓN AL SEÑOR POR TODOS LOS TUYOS... oramos juntos:

Todos: *Señor, ahora vengo delante de tu presencia como intercesor y te pido perdón por todos aquellos que llevan mi sangre, que no están perfectamente unidos a ti. Que se extienda tu misericordia sobre todos mis antepasados. Señor, te pido perdón por sus pecados y por sus culpas. Me uno a la oración del profeta Daniel cuando intercedió por su pueblo y digo: - ¡Ah, Señor, Dios, el Grande, el Temible, el que mantiene la alianza y la fidelidad con aquellos que lo aman y observan sus mandamientos! Nosotros hemos pecado, hemos faltado, hemos hecho el mal, nos hemos rebelado y nos hemos apartado de tus mandamientos y tus preceptos. -* (Dn. 9, 4b – 5). *"¡A nosotros, Señor, la vergüenza reflejada en el rostro... Al Señor, nuestro Dios, la misericordia y el per-*

dón por que nos hemos revelado contra El!" (vs. 8 – 9). **"Y ahora, Dios nuestro, escucha la oración y las súplicas de tu servidor, y a causa de ti mismo, Señor, que brille tu rostro sobre tu Santuario desolado. Inclina tu oído, Dios mío, y escucha; abre tus ojos y mira nuestras ruinas y la ciudad que es llamada con tu Nombre, porque no presentamos nuestras súplicas delante de ti a causa de nuestros actos de justicia, sino a causa de tu gran misericordia. ¡Señor, escucha! ¡Señor, perdona! ¡Señor, presta atención y obra! ¡No tardes más, a causa de ti, Dios mío, porque tu Ciudad y tu pueblo son llamados con tu Nombre!"** (vs. 17-19). **Permite Señor que tu perdón, tu amor, tu sanación, y tu liberación fluya como savia a través de mi árbol genealógico. Gracias Señor por perdonarnos, sanarnos y hacernos libres. Amen.**

M/L: Pon tu mano en tu corazón y recibe ahí en silencio para ti y para los tuyos esta Palabra de Dios del Profeta Miqueas: **¿Qué Dios hay como tú, que perdonas la falta y pasas por alto la rebeldía del resto de tu herencia? Él no mantiene su ira para siempre, porque ama la fidelidad. Él volverá a compadecerse de nosotros y pisoteará nuestras faltas. Tú arrojas en lo más profundo del mar todos nuestros pecados.** (Miq 7, 18-19)

Tenga a la mano la **lista #2 de los traumas o heridas de la niñez...**

M/L: AHORA TE INVITO A PEDIR SANACIÓN POR TODOS LOS NIÑOS HERIDOS EN TU ÁRBOL GENEALÓGICO... oramos juntos:

Todos: Señor, ahora disuelvo todos los esquemas que hirieron a los niños en mi linaje. Voy contra todas las formas hirientes, los abortos, embarazos interrumpidos por cualquier situación y forma, embarazos no deseados, bebés que no hayan sido bienvenidos... (Pausa y presenta a todos los niños que hayan sido heridos en tu árbol genealógico, puedes también mencionar aquí las situaciones que seleccionó en la lista #2 de todos los traumas de la niñez) **Renuncio a todas las formas de no valorar la vida; rechazo todos los hábitos de destrucción, abandono y secuestro, emocional y físico de niños. En el Nombre de Jesús también renuncio a la negligencia cuando se privó a los niños de comida, refugio, afecto, educación y atención médica. Renuncio a todo abuso físico: golpes, sacudidas, empujones, quemaduras; al abuso emocional: ataques verbales, ignorarlos, aislarlos; al abuso sexual: exposición a la pornografía, relaciones sexuales, tocamientos, y a cualquier otro abuso. Digo: NO MÁS a todos los tipos de partos difíciles o problemáticos y de gestaciones anormales. Señor, te pido perdón por todas las formas en que yo o mis antepasados hemos ocasionado daño directo o indirecto a los niños. Te pido, Señor Jesús, que intervengas para sanar todas las heridas y los traumas desde la gestación, el nacimiento y la primera infancia, para que detengas la continuidad de este modelo satánico. Dios y Padre nuestro, haz que la gente de mi linaje**

respete y ame a sus hijos y a todos los niños en general y que les eduquen de forma que te honren. Haz que los futuros hijos(as) de mi familia sepan lo que es ser deseados, valorados y amados profundamente.

M/L: Pon tu mano en tu corazón y recibe ahí en silencio para ti y para todos los niños en tu familia esta Palabra de Dios del Evangelio de San Mateo: *Le trajeron entonces a unos niños para que les impusiera las manos y orara sobre ellos. Los discípulos los reprendieron, pero Jesús les dijo: Dejen a los niños y no les impidan que vengan a mí, porque el Reino de los Cielos pertenece a los que son como ellos.* (Mat. 19, 13-14).

M/L: Oremos, Dios Padre Misericordioso que reconciliaste al mundo contigo por medio de tu Hijo Jesucristo, te pedimos que, por los méritos de su pasión y su muerte, todas las heridas, daños o traumas causados por el pecado en nuestra familia, sean sanadas por la sangre de tu amado Hijo en la cruz y que por su resurrección podamos ver la luz de la vida y la felicidad de hoy en adelante. Te lo pedimos por Jesucristo, nuestro Señor.

Todos: *Amén*

Podemos agregar un canto para pedir sanación para nosotros y para los nuestros.

Al terminar con la parte anterior le invitamos a que tenga a la mano la **lista #3 de vínculos dañinos** o negativos en su vida.

M/L: AHORA TE INVITO A RENUNCIAR Y CORTAR TODOS LOS VINCULOS ENFERMIZOS Y DAÑINOS Y QUE PIDAS POR LA INTEGRIDAD Y LA SANIDAD SEXUAL, EMOCIONAL Y ESPIRITUAL EN LOS MATRIMONIOS DE TU ÁRBOL GENEALÓGICO... oramos juntos:

Todos: *En el Nombre de Jesucristo rompo todos los patrones de profunda infelicidad matrimonial de mi árbol genealógico. Digo "NO" a toda supresión o abuso de la esposa o del esposo, a todas las expresiones de falta de amor en el matrimonio y a las relaciones de control o dominantes. Paro todo odio o rencor al cónyuge, ira, deseo de muerte, cualquier deseo o intenciones malas en las relaciones matrimoniales. Por las gracias recibidas por el sacramento del matrimonio, acabo con toda transmisión de violencia, venganza, todo comportamiento negativo, toda infidelidad y decepción. Pongo fin a toda transmisión codificada que impide relaciones sanas y duraderas en mi familia. Renuncio a esquemas de tensión familiar, de divorcio y falta de sensibilidad, en el Nombre de Jesús; acabo y rompo con todos los esquemas o vínculos físicos o sexuales, emocionales y espirituales con* _____ (Traemos to-

das las cosas que seleccionó en la lista #3.1 y los nombres de las personas con las que se generaron vínculos negativos o dañinos), *y que están profundamente arraigados en sentirme atrapado en muchas situaciones de relaciones infelices o de abuso y todos los sentimientos de vacío y fracaso. En el Nombre de Jesús pongo fin a todos los caminos profundamente surcados de pecado sexual. Digo "NO" a todas las tendencias de exhibicionismo, fornicación, pornografía, masturbación, acoso sexual, incesto, y cualquier otra perversión. Renuncio a toda bestialidad, masoquismo, sadismo, ninfomanía, lujuria, homosexualidad, lesbianismo, acoso sexual, traumas sexuales y prostitución en mi familia. Pongo fin a toda agresión sexual o violación, desórdenes de personalidad, traumas sexuales y desviación en el comportamiento. Ordeno a cada demonio que esté enganchado en estos esquemas que se marche ahora, en el Nombre de Jesús. Tomo la espada del Espíritu Santo para romper esta cadena de vínculos malignos. Padre, perdona y trae salud sexual e integridad donde había enfermedad. Padre, perdóname y a mis familiares por todas las formas en que hemos deshonrado el Sacramento del Matrimonio y permite que en todo mi linaje se viva una sexualidad sana y santa; que cada expresión sexual sea pura y agradable a ti, Señor, y haz que en toda mi familia haya muchos matrimonios bien avenidos, llenos de fe, fidelidad, ternura y del amor que viene de Ti. Gracias por permitirme ver tu luz, tu integridad y tu bendición en esta área de mi árbol genealógico.*

M/L: Pon tu mano en tu corazón y recibe ahí en silencio para ti y para los tuyos esta Palabra de Dios de la Primera Carta a los Tesalonicenses: *La voluntad de Dios es que sean santos, que se abstengan del pecado carnal, que cada uno sepa usar su cuerpo con santidad y respeto.* (1 Tes. 4, 3 – 5).

Ahora vamos ahora a orar para romper las **Ataduras Familiares, tenga la lista #4 a la mano.**

M/L: AHORA TE INVITO A ORAR PARA ROMPER TODA ATADURA EN TU ÁRBOL GENEALÓGICO.

Por la salud mental, oramos juntos...

Todos: *Con el poder de la Sangre de Jesús rompo todos los esquemas de enfermedad mental y las ataduras que puedan estar codificadas en mi sistema ancestral. Rompo todo comportamiento anormal, antisocial, paranoias, esquizofrenias, bipolaridad, patrones compulsivos, pasivos o agresivos, desórdenes de la personalidad y tics nerviosos. Rompo toda la inflexibilidad, perfeccionismo obsesivo, negatividad, patrones de comportamiento maníaco–depresivo, narcisismo y otras rarezas en las conductas y el comportamiento. Interrumpo toda herida y represión de la masculinidad; llevo a fin todas las formas generacionales de opresión y daño al espíritu femenino. Sello los caminos escondi-*

dos de autodestrucción en mi historia familiar. Señor, llena estas áreas con tu perdón y paz. Padre, imprime en mi linaje la salud mental y la integridad. Haz que cada uno tenga la mente en Cristo. Haz que broten esquemas de mente clara, equilibrio emocional y relaciones sanas. Acaba con todos los modelos profundamente oscuros de pesadez emocional y espiritual, incapacidad de jugar, de divertirse y de expresar alegría. Te pido, Señor Jesús, que entre en mi linaje haya un espíritu risueño y alegre desde hoy y para siempre.

M/L: En esta ocasión te invito a que pongas tu mano en tu frente-mente y recibe ahí en silencio para ti y para los tuyos esta Palabra de Dios de la Carta a los Romanos: ***...transfórmense interiormente renovando su mentalidad, a fin de que puedan discernir cuál es la voluntad de Dios: lo que es bueno, lo que le agrada, lo perfecto.*** (Rom. 12, 2).

Por el fin a cualquier tipo de fobias y odios, oramos juntos...

Todos: *Ahora acabo con todas las clases de miedo en mi árbol genealógico. Tomo autoridad sobre todo miedo al rechazo y miedo al fracaso. Digo "NO" a todos los miedos al agua, a las agujas o inyecciones, a la sangre, a embarazarse, a los accidentes, a ciertos animales, a los hombres, a las alturas, a los payasos, a estar o quedarse solo, a las tormentas, al éxito, al gentío, a las mujeres, a Dios, a la muerte, a salir del hogar, a lugares cerrados, a los espacios abiertos, a hablar en público, a viajar en avión, a envejecer, al dolor o a cualquier otro miedo que haya en mi o en los miembros de mi árbol genealógico. Con el poder del Espíritu Santo pongo fin a todas las respuestas profundamente enraizadas en el odio: a otros, a uno mismo, a Dios, a la religión, al odio racial y al fanatismo religioso. Padre, perdónanos. Haz que mi árbol genealógico esté lleno por hombres y mujeres llenos de amor y libertad. Deja que tu amor perfecto y pleno llene toda mi historia familiar y que todo recuerdo de temor desaparezca para siempre en el Nombre de Jesús.*

M/L: Pon tu mano en tu corazón y recibe ahí en silencio para ti y para los tuyos esta Palabra de Dios de la Primera Carta de Juan: ***En el amor no hay lugar para el temor: al contrario, el amor perfecto elimina el temor, porque el temor supone un castigo, y el que teme no ha llegado a la plenitud del amor.*** (1 Jn. 4, 18).

Para cortar con los hábitos nocivos e incorregibles, oramos juntos...

Todos: *Una vez más, tomo la espada del Espíritu Santo y corto los efectos de hábitos incorregibles. Pongo fin a todas las formas de adicción. A las de conducta: juego, sexo, internet, aparatos electrónicos, sectas, relaciones codependientes y comprar compulsivamente; a las de ingestión química: alcohol, nicotina, cocaína, marihuana, opiáceos, sedantes, hipnóticos, anfetaminas, éxtasis, heroína y otras existentes; a las relacionadas con la comida: anore-*

xia, bulimia, comedor compulsivo, etc. *Rompo todos los moldes de acumular y derrochar recursos y talentos. Me opongo a la mezquindad y al robo. Padre, perdona y libera a mi familia de toda atadura de los hábitos nocivos o negativos, vicios y adicciones incorregibles por tu piedad, gracia y generosidad.*

M/L: Pon tu mano en tu corazón y recibe ahí en silencio para ti y para los tuyos esta Palabra de Dios del libro del Profeta Isaías: *Él me envió a llevar la buena noticia a los pobres, a vendar a los corazones heridos, a proclamar la liberación a los cautivos y a liberar a los prisioneros...* (Is. 61, 1).

Para cortar las ataduras relacionadas con la salud física, oramos juntos...

Todos: *Ordeno a toda clase de enfermedades de mi código genético que en el Nombre de Jesús y por su amor infinito hacia nosotros, dejen de existir o causar daño. Tomo la espada del Espíritu Santo y corto todas las ataduras de cualquier clase de enfermedad: enfermedades del corazón, de la sangre, de los riñones, hígado, páncreas, cáncer y problemas digestivos, obesidad, peso muy bajo, úlceras y tendencias a formar tumores. Me opongo a todos los tipos de enfermedades de la mujer, problemas menstruales, hormonales, infertilidad y frigidez sexual. Rompo las ataduras y vínculos de todos los problemas sexuales masculinos, impotencia, problemas de próstata y enfermedades de transmisión sexual. También rompo todo lo relacionado a las deformidades físicas, problemas de oído, inmunodeficiencias, enfermedades raras, ojos delicados, mala dentadura, pies planos. Me opongo a todo tipo de migraña, convulsiones, retraso mental, problemas pulmonares y respiratorios, todo tipo de alergias, artritis, reumatismo, enfermedades de la piel o de los huesos. Renuncio a toda clase de traumas físicos que hayan llegado a mí a través de las generaciones. Corto esa conexión. Extirpo la raíz, causa de todas las enfermedades físicas y debilidades inexplicables. Señor, libérame de los efectos de esos caminos de enfermedad grabados en mis antepasados. Pon fin a su propagación. Padre, perdona a aquellos en mi familia que han elegido la enfermedad para evitar la vida; por las formas con que han afrontado las necesidades de manera insana. Haz que un nuevo modelo de elegir la vida fluya como río a través de mi genealogía. Bendito y Alabado seas Señor Jesús.*

M/L: Pon tu mano en tu corazón y recibe ahí en silencio para ti y para los tuyos esta Palabra de Dios del Evangelio de San Marcos: *En todas las partes donde entraba, pueblos, ciudades y poblados, ponían los enfermos en las plazas y le rogaban que les dejara tocar tan solo el borde de su manto, y los que lo tocaban quedaban curados.* (Mc. 6, 56). – Hoy Señor Jesús con humildad nos acercamos a ti y con fe profunda y expectante tocamos el borde de tu manto en nombre de toda nuestra familia, sobre todo los que están enfermos para que, en tu amor y misericordia, los sanes. Gracias Jesús por sanarnos y salvarnos; bendito y alabado seas.

Para cortar las ataduras relacionadas con las muertes raras o violentas, oramos juntos...

Todos: *Ahora intercedo por todas aquellas personas en mi familia que hayan muerto a temprana edad, que no hayan sido amadas, que no hayan tenido funerales adecuados, y que no hayan tenido un entierro lleno de amor cristiano. También oro por todos aquellos que han tenido muertes terribles, con largas agonías; muertes violentas, envenenados, asfixiados, baleados, muertos por fuego, por explosiones o apuñalados, ahorcados, ahogados, en acciones de guerra o matados por animales. Pongo ante ti, Señor, a todos mis antepasados que murieron de forma inexplicable y misteriosa, que están desaparecidos, o que murieron por accidentes o por suicidio. Haz que la transmisión de estas ataduras a muertes horribles y fuera de lo normal, cesen en este momento en el Nombre de Jesús. Señor, haz que tu amor que sana, que es misericordioso y que perdona, los toque con ternura, que desde ahora en mis descendientes solo haya muertes dulces y suaves. Haz que experimenten un tránsito cristiano de la vida a la muerte y de ahí a la vida contigo para siempre. Padre, haz que nadie en mi familia muera hoy sin conocer y aceptar completamente en sus vidas a Nuestro Señor Jesucristo.*

M/L: Pon tu mano en tu corazón y recibe ahí en silencio para ti y para aquellos que murieron de cualquiera de las maneras que hemos renunciado esta Palabra de Dios del Evangelio de San Juan: *Yo soy la Resurrección. El que cree en mí, aunque muera, vivirá; y todo el que vive y cree en Mí, no morirá para siempre.* (Jn. 11, 25-26).

Para sanar el dolor de ser diferentes, oramos juntos...

Todos: *Renuncio a todos los efectos por ser diferente que estén grabados en mi familia. Tomo la autoridad sobre todos los efectos de color de los ojos, de la piel, del tamaño, del cuerpo y los talentos. Corto la transmisión del sufrimiento por tener diferentes idiomas, cultura, raza, color, por aquellos que han sentido que ellos o sus padres son feos o raros; corto las ataduras transmitidas en defectos visibles de nacimiento, así como también por deformidades y retrasos. Padre, las respuestas a estas y otras diferencias han podido transmitirse a través de generaciones. Por favor, Señor, cesa esta transmisión y perdona a aquellos que de cualquier manera permitieron el daño. Envía tu amor a través de las generaciones para que las toques y las sanes plenamente. Gracias, Jesús.*

M/L: Pon tu mano en tu corazón y recibe ahí en silencio para ti y los tuyos esta Palabra de Dios del Salmo 139: *Tú creaste mis entrañas, me tejiste en el seno de mi madre. Te doy gracias porque fui formado de manera tan admirable; ¡Qué maravillosas son tus obras!* (Sal. 139, 13 – 14).

M/L: AHORA TE INVITO A PEDIR POR LA UNIDAD EN TU FAMILIA... oremos juntos:

Todos: *Ahora en el Nombre de Jesús, pongo fin a todo tipo de ruptura en mi genealogía. Rompo con autoridad todos los caminos de separación de la familia y de la religión; pongo una barrera a aquellos, niños, jóvenes, adultos y padres, que intentan abandonar el hogar; me opongo a todos los que se escapan para casarse, y renuncio a los que se escapan a la legión (grupos armados, bandas, logias, asociaciones ilegales, crimen organizado, etc.) o para unirse a sectas religiosas. Disuelvo todas las raíces de aislamiento, de huidas y fugas. Padre, rodea mi árbol genealógico con tu corazón que perdona y ama.*

M/L: Te invito a que cierres tus ojos y que imagines a TODA tu familia reunida delante de Jesús. Y ahí en tu interior... Pídele que todos estén unidos, de manera que les permita que sean gente abierta y capaz de relacionarse entrañablemente unos con otros y con los demás. Ahora imagina a Jesús bendiciendo a toda tu familia... Allí todos reunidos reciban esta Palabra de Dios del Salmo 133: *¡Qué bueno y agradable es que los hermanos vivan unidos!... Allí el Señor da su bendición, la vida para siempre.* (Sal. 133, 1. 3). Gracias Señor Jesús.

M/L: Para cerrar esta parte de nuestra oración te pido que sostengas con tus dos manos tu genograma y oremos con voz firme...

Todos: *Finalmente corto todos los patrones o ataduras de sufrimiento interminable, incluyendo la necesidad de sufrir y la necesidad de fracasar; rompo todos los caminos de sufrimiento por sentirme inútil, indigno y sin esperanza. Quito todos los patrones repetidos de sentirme sin raíces y de no pertenecer a nadie. Corto todas las raíces de desesperación, trauma emocional y parálisis. Digo "NO" a todos los patrones o ataduras de rechazo, amargura, resentimiento y faltas de perdón. En Nombre de Jesucristo renuncio a todos los caminos del mal, negativismo y falta de amor en mis antepasados. Señor, te pido que por tu amor y misericordia quites de mi mente cualquier pensamiento obsesivo y que Tú estés dispuesto a sanar y liberarnos de cualquier clase de vergüenza, dolor o pena, a revelar los pecados ancestrales y que tú digas: Ahora es el momento de liberación para mí y para toda mi familia. Señor presentamos delate de ti a toda nuestra familia representada en este genograma, sabemos que tu conoces mejor que nosotros todo lo que ha sucedido a través de las generaciones y las diferentes ataduras, sufrimientos, tragedias y enfermedades físicas, psicológicas y espirituales que se han generado como consecuencia de todos nuestros pecados, te pedimos que en tu misericordia infinita seamos perdonados y liberados de una vez y para siempre por intercesión de nuestra Madre María, en tu Nombre Bendito y por los méritos de tu Sangre Preciosa derramada en tu pasión. Te doy gracias infinitas, Jesús, te alabo, te bendigo y te glorifico.*

M/L: Presentándole el genograma a Jesús reciba para usted y los suyos esta Palabra de Dios del Evangelio de San Lucas: ***El hacha ya está puesta a la raíz de los árboles.*** (Lc. 3, 9).

M/L: Oremos, Dios Padre todopoderoso te pedimos llenos de fe que visites con tu amor misericordioso a cada persona en nuestro árbol genealógico para liberarnos de toda atadura o enfermedad que nos impida ser sanos, libres y felices, concédenos gozar de los méritos de la Salvación que tu Hijo, Jesucristo nos ganó en la cruz, te lo pedimos a Ti que vives y reinas por los siglos de los siglos.

Todos: *Amén.*

Ahora tenga a la mano la **lista #5 de las prácticas ocultistas** en las que haya participado usted o alguien en su familia.

M/L: AHORA TE INVITO A RENUNCIAR A SATANÁS Y A TODO TIPO DE OCULTISMO Y A PROCLAMAR A JESÚS COMO NUESTRO ÚNICO SEÑOR... oramos juntos:

Todos: *Señor, ante ti, confieso que mis antepasados han podido estar mezclados en ocultismo, espiritismo, brujería y toda forma de buscar información en fuentes ocultas. Señor, perdónanos. En el Nombre de Jesús y con el poder del Espíritu Santo, tomo y uso la autoridad que Tú me has conferido por mi bautismo. Yo_____ (agregue su nombre), y en nombre de toda mi familia renuncio a ti Satanás y rompo todo el poder del mal sobre mis antepasados; acabo con los hechizos, limpias, curadas de espanto, pasadas del huevo, vudú, y todo tipo o color de magia, secretos hereditarios, la astrología, el Reiki, la cienciología, la masonería, el mormonismo, y otras sectas. Renuncio a la práctica del yoga, la hipnosis, regresiones, la escritura automática, los horóscopos, los psíquicos, la numerología, lectura de la palma de la mano, levitación, libros o películas de naturaleza demoníaca, música satánica, literatura de la nueva era o cualquier literatura ocultista; a las flores de Bach, la iridología, la sofrología, el feng Shui, a los amuletos, la acupuntura, talismanes, cuarzos y cualquier otra práctica de la Nueva Era que no venga de Dios, sino de lo oculto. Renuncio a la visita de templos masónicos, templo mormón, templo budista, yerberías y cualquier lugar en el que haya puesto un pie y estaba asociado con el ocultismo conocido o desconocido. Deshago todos los votos satánicos, pactos, ataduras y vínculos con fuerzas satánicas, corto la transmisión de cualquiera de esos vínculos que haya en mí o en los míos a través de mis antepasados. Rompo también los efectos de todos los vínculos físicos, mentales o espirituales que haya habido con clarividentes, astrólogos, médiums, videntes ocultos y adivinos. Renuncio al culto a la santa muerte, al satanismo, a la santería, pactos de sangre o cualquier tipo de pacto con satanás, curanderismo, esoterismo, karma, cábala, encantamiento, culto a*

los 'ángeles', a cualquier participación en sesiones de adivinación y cualquier actividad con las cartas del tarot, la lectura del aura, la lectura del café, y juegos ocultos como: La tabla guija, charlie, charlie, la ballena azul o cualquier otro. Renuncio a todas las formas en que Satanás nos puede tener agarrados por las tentaciones, obsesiones, opresiones, infestaciones o posesiones. En el Nombre de Jesús rompo con la transmisión de todas las obras satánicas que hayan pasado a través de mis generaciones y rechazo toda forma de idolatría que haya en mí, en mi familia actual y en mis antepasados. Corto los vínculos que conectan y me atan a esos tipos de idolatría y los de mis parientes en épocas pasadas. Rechazo todo tipo de los ídolos que hayamos adoptado, como las joyas, formas de transporte, comida, bebida, títulos, tierras, animales y pertenencias de toda clase. Señor, por favor, remueve en mí o en mis antepasados todos los efectos que hayan podido provocar el estar involucrados en cualquier práctica de lo oculto. Por los méritos de la pasión y la muerte de Jesús en la cruz, cortamos todos los maleficios realizados por o en contra de mi familia. Recupero cualquier territorio que haya sido entregado a Satanás por mi o por mis antepasados, y lo coloco bajo el poder de Jesucristo Señor y Dios mío y de mis generaciones. Padre, perdónanos por todo esto; confieso todos estos pecados ante ti, te pido que nos limpies, que nos perdones y nos liberes. Te invito Jesús a que entres en mi corazón y que envíes los dones de tu Espíritu Santo para ser bautizado, como bautizaste a tus discípulos el día de Pentecostés. HOY hago una santa elección por mi árbol genealógico como lo hizo Josué y proclamo que: -Nosotros serviremos al Señor, nuestro Dios y escucharemos su voz-. Señor, por favor, crea en mi familia, hombres y mujeres sanos que estén profundamente comprometidos contigo y que te busquemos siempre con todo nuestro corazón, toda nuestra alma y con todas nuestras fuerzas. Bendito y alabado seas hoy y siempre Señor Jesús.

M/L: En nombre de toda nuestra familia, **nos ponemos de rodillas** y ahí en silencio recibimos esta Palabra de Dios de la Carta a los Filipenses: *Por eso Dios lo exaltó y le dio el Nombre que está sobre todo nombre, para que, al Nombre de Jesús, se doble toda rodilla en el cielo, en la tierra y en los abismos, y toda lengua proclame para gloria de Dios Padre: « Jesucristo es El Señor».* (Fil. 2, 9 – 11).

Tenga a la mano **la lista #6 de todas las maldiciones proferidas o recibidas** en su familia.

M/L: AHORA TE INVITO A CORTAR CON TODAS LAS MALDICIONES Y COSAS RELACIONADAS CON LA LENGUA... oramos juntos:

Todos: *En el Nombre de Jesús, levanto mi voz para cortar la transmisión de todo problema o defecto en el habla, me opongo a todos los medios de herir a otros verbalmente, por la mentira, la calumnia, la injuria, el rumor, el chisme, toda blasfemia, maldad, traición, maldiciones y malos deseos* (Pausa y agregamos todas las maldiciones que creemos que hemos recibido o que nosotros hemos proferido contra cualquier persona) *Padre, perdónanos y haz que yo y mis familiares seamos gente que bendice y siempre habla con la verdad y la bondad que viene de ti. En el Nombre de Jesús y por los méritos ganados en la cruz, asumo autoridad sobre todas las maldiciones, y malos deseos dirigidos contra mí o que han sido transmitidos por línea directa de mis antepasados. Pido perdón y renuncio a todos los votos y acuerdos negativos que haya hecho yo o cualquiera en mi árbol genealógico con el enemigo y te ruego, Señor Jesús que nos liberes de cualquier cautiverio al que hayamos estado sometidos, pido que la sangre que derramaste en la cruz bañe todos los aspectos de mi vida, mis relaciones, mis proyectos, trabajo, mis finanzas y las de mis familiares. Por el poder de Jesucristo, el Señor Resucitado, rompo toda influencia que estas maldiciones tengan sobre mi vida o la vida de los míos y les ordeno que regresen a sus fuentes de origen y sean sustituidas por una bendición. Te doy gracias por tu amor imperecedero, tu protección y por tus abundantes bendiciones.*[29]

M/L: Pon tu mano en tu corazón y recibe ahí en silencio esta Palabra de Dios de la Carta a los Romanos: *Bendigan a los que los persiguen, bendigan y no maldigan nunca. Alégrense con los que están alegres, y lloren con los que lloran. Vivan en armonía unos con otros, no quieran sobresalir, pónganse a la altura de los más humildes. No presuman de sabios. No le devuelvan a nadie mal por mal. Procuren hacer el bien delante de todos los hombres.* (Rom. 12, 14-17).

Nos ponemos de pie...

Renovación de las Promesas Bautismales

Por las renuncias, no solamente dejamos de lado la realidad del pecado y de este mundo injusto, sino que es un acto positivo, una repulsa, una declaración de guerra contra el maligno y todo lo que se opone en nosotros a vivir del Evangelio. Profesar la fe en Dios y en Jesús supone entregarle nuestro todo y adherirse al estilo de vida del Evangelio, manifestando en una práctica muy real y concreta: amando a Dio sobre TODO y a los demás como a nosotros mismos.

M/L: A cada respuesta vamos a **levantar nuestra mano derecha,** consciente y voluntariamente contestamos con voz firme.

M/L: Así pues, en tu nombre y el de todos los miembros de tu árbol genealógico te pregunto:

---

29. Oraciones tomadas y editadas de – www.catholicwarriors.com

M/L: ¿Renuncias a Satanás?

Todos: *Sí, renuncio.*

M/L: ¿Renuncias a todas sus obras?

Todos: *Sí, renuncio.*

M/L: ¿Renuncias a todos sus engaños y seducciones?

Todos: *Sí, renuncio.*

M/L: *Oremos,* En el Nombre de Jesús, y por los méritos de su pasión, muerte y resurrección pido que todo lo que no es de Jesús y está en ti, o en algún miembro de tu familia, salga en este momento de una vez y para siempre y no regresen nunca más. Por Cristo nuestro Señor.

Todos: *Amén*

M/L: Y ahora nos volvemos hacia Dios y confesamos que creemos en ÉL y que nuestras vidas le pertenecen a ÉL. Igualmente **levantando la mano derecha respondemos:**

M/L: ¿Crees en Dios, Padre todopoderoso, creador del cielo y de la tierra?

Todos: *Sí, creo.*

M/L: ¿Crees en Jesucristo su único Hijo, Nuestro Señor, que nació de Santa María Virgen, murió, fue sepultado, resucitó de entre los muertos y está sentado a la derecha del Padre?

Todos: *Sí, creo.*

M/L: ¿Crees en el Espíritu Santo, en la Santa Iglesia Católica, en la comunión de los Santos, en el perdón de los pecados, en la resurrección de los muertos y en la vida eterna?

Todos: *Sí, creo.*

Todos: *Esta es nuestra fe. Esta es la fe de la Iglesia, que nos gloriamos de pro-fesar en Cristo Jesús, nuestro Señor,* Amén.

M/L: AHORA TE INVITO A QUE POR LOS MÉRITOS DE NUESTRO BAUTISMO Y POR LA PASIÓN Y MUERTE DE JESÚS; PIDAMOS QUE NOS TOQUE, NOS

CURE Y NOS HAGA NUEVOS… oramos juntos:

Todos: *Ahora ruego para que las aguas de mi bautismo fluyan a través de todas las generaciones pasadas en mi árbol genealógico. Permito que fluya la Sangre de Jesús, que limpia y da vida, a través de cada generación; primera, segunda, tercera, cuarta, quinta… hasta los primeros tiempos. Que la Sangre de Jesús fluya desde la cruz a través de todos los padres y sus hijos hasta la duodécima generación, tocando, sanando y liberando íntegramente. También coloco la cruz de Jesucristo entre mi persona y cada generación de mis antepasados, y rompo la transferencia de todas las fuerzas opresoras de la vida que obran contra mí, en mí o a través de mí.*

M/L: Pon tu mano en tu corazón y recibe ahí en silencio para ti y para los tuyos esta Palabra de Dios del Evangelio de San Mateo: *…porque ésta es Mi Sangre, la Sangre de la Alianza, que se derrama por muchos para el perdón de los pecados* (Mt. 26, 28).

M/L: Oremos, en el nombre de Jesús y por los méritos de su pasión, muerte y resurrección pido que en este momento seamos liberados de toda esclavitud o atadura al mundo del ocultismo; por las gracias recibidas en cada uno de los sacramentos cerramos de una vez y para siempre todas las puertas entre cada una de estas familias y el mundo del ocultismo sellándonos con la sangre de Jesús, el Cordero de Dios, en el nombre del Padre (+) y del Hijo (+) y del Espíritu Santo (+).

Todos: *Amén.*

Ahora puede romper sus hojas en pedacitos y depositarlas en un recipiente para después ser quemadas como signo de que se han convertido en cenizas y que ya no pueden hacernos ningún daño. Se puede hacer **canto de liberación** – Tú has roto mis cadenas y me has dado libertad.

Oración del Padre Nuestro

M/L: Ahora nos dirigimos al Padre con la oración que Jesús nos enseñó;

Todos: *Padre Nuestro…* (Puede ser cantando si el tiempo lo permite y se cuenta con algún ministro de música que nos guíe.)

Si hay un ministro ordenado hace la siguiente parte:

M: La paz del Señor esté siempre con ustedes.

Todos: *Y con tu espíritu.*

M/L: Vamos a intercambiar un signo de la paz del Señor, significando la paz en nuestras familias de ayer y la paz en nuestras familias de hoy. Nos damos un signo de paz.

Oración al Espíritu Santo

Sugerimos la siguiente oración o una espontánea de invocación al Espíritu Santo acompañada si es posible de algún(os) cantos, para llenarnos de su presencia.

Todos: *Ven, Espíritu Divino manda tu luz desde el cielo. Padre amoroso del pobre; don, en tus dones espléndido; luz que penetra las almas; fuente del mayor consuelo. Ven, dulce huésped del alma, descanso de nuestro esfuerzo, tregua en el duro trabajo, brisa en las horas de fuego, gozo que enjuga las lágrimas y reconforta en los duelos. Entra hasta el fondo del alma, divina luz y enriquécenos. Mira el vacío del hombre, si tú le faltas por dentro; mira el poder del pecado, cuando no envías tu aliento. Riega la tierra sequía, sana el corazón enfermo, lava las manchas, infunde calor de vida en el hielo, doma el espíritu indómito, guía al que tuerce el sendero. Reparte tus siete dones, según la fe de tus siervos; por tu bondad y tu gracia, dale al esfuerzo su mérito; salva al que busca salvarse y danos tu gozo eterno.*
Señor, finalmente te pido lleno de humildad y de necesidad que con un soplo de Tu Espíritu envíes perdón y reconciliación a través de todas mis generaciones. Gracias por tocar, liberar, sanar y hacernos nuevos; gracias por ser mi sabiduría, mi justicia, mi santificación y mi redención. Hoy me rindo al ministerio de tu santo Espíritu, al que lo invito a habitar en mi vida y en mi corazón, y en el de cada uno en mi familia, recibo con respeto, docilidad y un profundo agradecimiento tu verdadera sanación intergeneracional. Gracias Espíritu Santo. Habita y quédate con nosotros. Amén.

Nos podemos sentar...

Himno y Oración de Acción de Gracias

¡Atención! Si tenemos tiempo podemos hacer el siguiente himno (es opcional), o saltamos a la oración de acción de gracias que está al terminar el himno.

Nos unimos ahora a los tres jóvenes del Libro de Daniel (3,

51-90) que fueron rescatados de las llamas del horno ardiente dando gracias y exaltando el poder y la fidelidad de Dios con este himno. **Lo haremos a dos coros.**

M/L: *Entonces los tres jóvenes, a una sola voz, se pusieron a celebrar, a glorificar y a bendecir el Nombre de Dios dentro del horno, diciendo:*

1. Creaturas todas del Señor, bendecid al Señor, ensalzadlo con himnos por los siglos.

2. Ángeles del Señor, bendecid al Señor; cielos, bendecid al Señor.

1. Aguas del espacio, bendecid al Señor; ejércitos del Señor, bendecid al Señor.

2. Sol y luna, bendecid al Señor; astros del cielo, bendecid al Señor.

1. Lluvia y rocío, bendecid al Señor; vientos todos, bendecid al Señor.

2. Fuego y calor, bendecid al Señor; fríos y heladas, bendecid al Señor.

1. Rocíos y nevadas, bendecid al Señor; témpanos y hielos, bendecid al Señor.

2. Escarchas y nieves, bendecid al Señor; noche y día, bendecid al Señor.

1. Luz y tinieblas, bendecid al Señor; rayos y nubes, bendecid al Señor.

2. Bendiga la tierra al Señor, ensálcelo con himnos por los siglos.

1. Montes y cumbres, bendecid al Señor; cuanto germina en la tierra, bendiga al Señor.

2. Manantiales, bendecid al Señor; mares y ríos bendecid al Señor.

1. Cetáceos y peces, bendecid al Señor;

aves del cielo, bendecid al Señor.

2. Fieras y ganados, bendecid al Señor,
ensalzadlo con himnos por los siglos.

1. Hijos de los hombres, bendecid al Señor;
bendiga Israel al Señor.

2. Sacerdotes del Señor, bendecid al Señor;
siervos del Señor, bendecid al Señor.

1. Almas y espíritus justos, bendecid al Señor;
santos y humildes de corazón, bendecid al señor.

2. Ananías, Azarías y Misael, bendecid al Señor;
ensalzadlo con himnos por los siglos.

1. Bendigamos al Padre, al Hijo y al Espíritu Santo,
ensalcémoslo con himnos por los siglos.

2. Bendito el Señor en la bóveda del cielo,
alabado y glorioso y ensalzado por los siglos.

Todos: *Gracias, Señor Jesús, por despertar mi espíritu que estaba dormido y traernos hacia tu luz. Gracias, por transformarnos a través de la renovación de nuestras mentes y de nuestros corazones. Gracias, por derramar tu Espíritu Santo sobre nosotros y revelarnos tu Palabra que sana y que libera. Gracias, por enviar a tus ángeles para cuidarnos en todos nuestros caminos. Gracias por la fe en ti y por dirigir nuestro corazón y nuestra mente hacia el amor del Padre y la inmutabilidad de todos tus caminos. Gracias por la sanación y la liberación que has hecho y que seguirás haciendo en mí y en mi familia; llénanos hasta rebosar con tu presencia, tu vida y amor, tú que vives y reinas por los siglos de los siglos. Amen.*[30]

Oración a la Santísima Virgen, María

Todos: *Virgen María, Madre Santa, te damos gracias por interceder por nosotros ante tu Hijo, Jesucristo. Por tu FIAT confiado y por tu amor, te convertiste en su madre, lo diste a luz, lo cuidaste y lo acompañaste hasta el mismo calvario. Con agradecimiento profundo hoy lo ponemos en tu regazo, pero esta vez unidos a Él, para que lo ames con nosotros con todo tu corazón.*
Bajo tu amparo nos acogemos, santa Madre de Dios; no deseches las oracio-

---

30. Tomada de www.catholicwarriors.com

nes que te dirigimos en nuestras necesidades, antes bien líbranos de todos los peligros, oh, Virgen gloriosa y bendita. Ruega por nosotros, Santa Madre de Dios. Para que seamos dignos de alcanzar las promesas de Nuestro Señor Jesucristo, Amén.

Así como empezamos nuestra oración o paraliturgia, ahora cerramos y nos protegemos diciendo:

Oración de Protección Final[31]

Todos: Amado Señor Jesús, gracias por compartirnos tu maravilloso ministerio de sanación y liberación. Gracias por las bendiciones que has derramado hoy sobre mí y sobre toda mi familia. Gracias por las sanaciones que has hecho y las que seguirás haciendo. Entiendo que la enfermedad y todo mal provocado por el maligno son más de lo que mi humanidad puede soportar, por eso te pido que me limpies de cualquier tristeza, pensamiento negativo, desesperanza o cualquier cosa que no venga de Ti que se me haya adherido mientras realizaba esta oración. Si he sido tentado al odio, la impaciencia, la lujuria o cualquier otra cosa, límpiame de esas tentaciones y reemplázalas con amor, gozo y paz. Si cualquiera de esos espíritus se ha aferrado a mí y me quieran oprimir de cualquier manera, les ordeno ahora mismo en el Nombre de Jesús; espíritus de la tierra, del fuego, del agua, del mundo de las tinieblas o fuerzas malignas de la naturaleza que se aparten de mí y que se vayan directamente a los pies de Jesucristo, para que él trate con ustedes como a él le parezca. Ven Espíritu Santo, renuévanos, llénanos con tu amor, tu presencia, fortalécenos donde nos sentimos débiles, vístenos con tu luz y llénanos de la vida de Dios, trino y uno. Señor Jesús, por favor, envía a tus santos ángeles a protegernos de todo tipo de enfermedad, daño o accidentes. Te lo pedimos a Ti, que vives y reinas con el Padre y el Espíritu Santo, un solo Dios, por los siglos de los siglos. Amén.

Bendición Final

En ausencia de un Ministro Ordenado dirige la siguiente bendición el Líder de oración (laico). **Nos ponemos de pie.**

L: Inclinamos nuestras cabezas y oramos juntos para pedir la bendición de Dios.

L: Que el Señor nos bendiga y nos guarde a cada uno de nosotros y a nuestras familias.

---

31. Tomada de www.catholic warriors.com y adaptada por José Juan Valdez para el Seminario Daniel.

Todos: *Amén.*

L: Que el Señor haga brillar su rostro sobre nosotros, tenga misericordia y nos conceda su favor.

Todos: *Amén.*

L: Que el Señor nos mire con bondad y nos conceda la libertad, la sanación y la paz.

Todos: *Amén.*

Mientras nos santiguamos decimos juntos:

Todos: *Que el Señor nos bendiga, nos guarde de todo mal y nos lleve a la vida eterna. Amén.*

L: Nuestro Servicio de Oración ha terminado vayamos en la paz y la libertad que hemos recibido de Dios.

Todos: *Demos gracias a Dios.*

Cuando dirigió la oración un laico **aquí termina.**

Cuando se cuenta con la presencia de un Ministro Ordenado (Diácono, Presbítero u Obispo) se hace la siguiente bendición.

M: El Señor esté con ustedes.

Todos: *Y con tu espíritu.*

M: Inquinen sus cabezas y oren para recibir la bendición de Dios.

M: Que el Señor los bendiga y los guarde a ustedes y a toda su familia.

Todos: *Amén.*

M: Que el Señor haga brillar su rostro sobre ustedes, tenga misericordia y les conceda su favor.
Todos: *Amén.*

M: Que el Señor los mire con bondad y les conceda la libertad, la sanación y la paz.

Todos: *Amén.*

M: Que Dios todopoderoso los bendiga, + El Padre, +El Hijo y +El Espíritu Santo.

Todos: *Amén.*

M: Nuestro Servicio de Oración ha terminado vayamos en la paz y la libertad que hemos recibido de Dios.

Todos: *Demos gracias a Dios.*

Anexo #4: Declaración sobre las Asociaciones Masónicas (Quaesitum est)

Se han estado preguntando si ha habido algún cambio en la decisión de la Iglesia en lo que respecta a las asociaciones masónicas ya que en el Nuevo Código de Derecho Canónico no los menciona expresamente, a diferencia del código anterior.

Esta Sagrada Congregación está en condiciones de responder que esta circunstancia se debe a un criterio editorial el cual fue seguido también en otros casos de otras asociaciones que tampoco son mencionadas en la medida de que están contenidas en una categoría más amplia.

Por lo tanto, el juicio negativo de la Iglesia en lo que respecta a las asociaciones masónicas se mantiene sin cambios ya que sus principios siempre han sido considerados inconciliables con la doctrina de la Iglesia y, por lo tanto, el pertenecer a ellos sigue siendo prohibido. Los fieles, que pertenezcan a estas asociaciones masónicas se hallan en estado de pecado grave y no pueden recibir la Santa Comunión.

No es de la competencia de las autoridades locales eclesiásticas dar un juicio sobre la naturaleza de las asociaciones masónicas que impliquen la derogación de lo que se ha decidido arriba, en esta línea con la declaración de esta Sagrada Congregación emitida en febrero 17 1981.

En una audiencia concedida al infrascrito Cardenal Prefecto, el sumo Pontífice Juan Pablo II aprobó y ordeno la publicación de la presente declaración en la que se había decidido en una reunión ordinaria acerca de esta Sagrada Congregación.

El Cardenal Joseph Ratzinger.
Sagrada Congregación Para la Doctrina de la Fe.
Roma, 26 de noviembre de 1983.

Anexo # 5: Oración de Liberación para Romper los Efectos de la Masonería

Esta oración se utiliza para liberar a los masones, y a sus descendientes de los efectos de las maldiciones pronunciadas contra ellos por sí mismos y su familia durante los diferentes juramentos realizados en los grupos masónicos. Debido a que en la oración hay una serie de palabras y frases difíciles, se recomienda que se prepare bien de antemano para decirlas apropiadamente. Dios no es legalista, pero satanás si lo es, y por eso, prestamos una particular atención para deshacernos de los juramentos hechos de acuerdo con las formas concretas como la oración te conduzca a hacerlo. Dado que estos juramentos se hacen delante de un representante de satanás en las logias masónicas, es recomendable, cuando sea posible (al menos alguna vez) hacerla delante de un representante oficial de la Iglesia, un ministro ordenado, un diacono, un presbítero o un obispo. Además, recomendamos que la ores en voz alta y, si es posible, con un previo entrenamiento-formación espiritual.

Oramos con mucha fe y determinación inspirados por el principio bíblico que reza así: **También les aseguro que, si dos de ustedes se ponen de acuerdo en la tierra para pedir algo, mi Padre que está en el cielo se lo concederá.** *(Cfr. Mt 18, 19). Muchos consejeros familiares y diferentes líderes cristianos en muchos países han estado usando esto oración en situaciones de asesoramiento y seminarios durante varios años, con resultados reales y significativos.*

Oración del receptor: *Dios Padre, creador del cielo y de la tierra vengo ante Ti en el Nombre de Jesucristo tu hijo, con profundo arrepentimiento buscando perdón y limpieza de todos los pecados que he cometido contra ti y contra otros creados a tu imagen y semejanza. Honro a mi padre y madre terrenal, y a todos mis ancestros, de carne y sangre; y aquellos unidos por el espíritu, ya sea por adopción o padrinos, pero me*

aparto y renuncio terminantemente a todos sus pecados y, a cualquier atadura que haya caído sobre mí y sobre mis hijos. Renuncio y rechazo a Satanás y a todo poder espiritual oculto que venga de él y esté afectándome y a mi familia.

En el Nombre de Jesús, renuncio y abandono todo involucramiento en la masonería y en cualquier otra logia, gremio o prácticas ocultas realizado por mí o por mis ancestros. También renuncio y rompo el código de silencio impuesto por la masonería sobre mí y sobre mi familia. Renuncio y me arrepiento de todo orgullo y arrogancia el cual abrió la puerta para la atadura de la masonería que nos aflige. Cierro la puerta a la brujería y la decepción que opera en mi vida y la de los míos y la selló firmemente con la Sangre de nuestro Señor Jesucristo. Renuncio a cada alianza o acuerdo, pacto de sangre o cualquier otro pacto con la masonería o los espíritus detrás de esta, hechos por mi o por mis ancestros.

En el Nombre de Jesús, renuncio y rompo la hechicería o brujería, principal espíritu de la masonería; renuncio a Bafomet, el espíritu del anticristo, renuncio a los espíritus de muerte y engaño, y a la maldición de la doctrina de Lucifer. Renuncio a la idolatría, blasfemia, secreto y engaño de la masonería. Específicamente renuncio a la inseguridad, al amor a las posesiones y al poder, amor al dinero, la avaricia, la codicia y al orgullo, que llevó a mis ancestros a la masonería. Renuncio a todos los miedos que los mantuvieron en la masonería, especialmente el miedo a la muerte, miedo a los hombres y el miedo a confiar en el Nombre de Jesús. Renuncio a toda posición desempeñada en la logia por mi o cualquiera de mis ancestros incluyendo a "Tyler", "Mason", "Maestro", "Venerable" o a cualquier otra. Renuncio a llamar "Maestro" a cualquier hombre, ya que Jesucristo es mi único Maestro y Señor, y él prohíbe que cualquier otro lleve ese título. Renuncio a involucrar a otros en la masonería, y observar su impotencia durante los rituales. Renuncio a los efectos de la masonería que pasaron a mí a través de cualquier ancestro femenino que sintieron la falta de confianza y el rechazo de sus esposos, cuando ellos ingresaron y asistieron a cualquier logia, y rehusaron compartirle sobre sus actividades secretas. También renuncio a todas las obligaciones, juramentos y maldiciones declaradas por cualquier miembro femenino de mi familia a través de cualquier membresía directa en todas las Órdenes de Mujeres de la Masonería, la orden de la Estrella del Este, o cualquier otra organización masónica oculta.

PRIMER GRADO

En el Nombre de Jesús, renuncio a los pactos realizados y a las maldiciones e iniquidades involucradas en el primer grado, o grado de Aprendiz Inicial de la masonería, especialmente a sus efectos en la garganta y en la lengua. Renuncio a HOODWINK y la venda en los ojos, y a sus efectos sobre el alma, las emociones y los ojos, incluyendo toda confusión, miedo a la oscuridad, miedo a la luz y miedo a los ruidos repentinos. Renuncio a cegar la verdad espiritual, a la oscuridad del alma, la falsa imaginación, a la condescendencia y al espíritu de pobreza causado por el ritual en este grado. Renuncio a usurpar la alianza del matrimonio al quitarse el anillo de bodas. Renuncio a la palabra secreta BOAZ, y a todo lo que significa. Renuncio al broche de la serpiente en el delantal, y al espíritu de PYTHON el cual es traído para exprimir de mí la vida espiritual. Renuncio a la enseñanza pagana de Babilonia y Egipto y el simbolismo del Primer Tablero de Trazo. Renuncio a la mezcla y manipulación de la verdad, el error, la mitología, las fabricaciones y mentiras enseñadas como verdad y la deshonestidad de los líderes en cuanto a la verdadera comprensión del ritual, y toda blasfemia de este grado de la masonería. Renuncio a la presentación a cada dirección de la brújula, para todos los puntos de la tierra, porque esta le pertenece y todo lo que hay en ella al Señor Jesús.

Renuncio al lazo alrededor del cuello, el miedo a ahogarse, y a cualquier espíritu que cause asma, fiebre del heno o rinitis alérgica, enfisema o cualquier otra dificultad respiratoria. Renuncio al ritual de la daga, o el punto de compás, de la espada o lanza sostenida contra el pecho, al miedo a la muerte por dolor de las puñaladas, y al miedo a los ataques al corazón involucrados en este grado, y renuncio al secreto absoluto demandado bajo el juramento de hechicería y sellado al besar el volumen de la Ley Sagrada. También renuncio a arrodillarme ante la falsa deidad conocida como el Gran Arquitecto del Universo, y humildemente le pido al Único y Verdadero Dios que me perdone por esta idolatría, en el Nombre de Jesús. Yo renuncio al orgullo del carácter comprobado y la buena reputación requerida antes de unirse la masonería y la consecuente justicia propia de ser lo suficientemente bueno para pararse delante de Dios sin la necesidad de un Salvador.

En el Nombre de Jesucristo ahora oro por sanidad de la garganta, cuerdas vocales, fosas nasales, bronquios, y otras áreas del sistema respi-

ratorio afectadas por estas maldiciones, oro por sanidad en el área del habla, y la liberación de la Palabra de Dios hacia mí, a través de mí y de mi familia.

SEGUNDO GRADO

En el Nombre de Jesús, renuncio a los pactos realizados y a las maldiciones e iniquidades involucradas en el segundo grado o Hermano Artesano de la masonería, especialmente a las maldiciones sobre el pecho, y el corazón. Renuncio a las palabras secretas JACHIN y SHIBBOLETH y todo lo que significan. Rompo con la dureza emocional, la apatía, la indiferencia, la incredulidad o falta de fe, e ira profunda en mí y en mi familia. En el Nombre de Jesucristo oro por sanidad en el área del pecho, los pulmones, el corazón, y por la sanidad de mis emociones, y pido para que pueda ser sensible a la voz del Espíritu Santo de Dios.

TERCER GRADO

En el Nombre de Jesús, renuncio a los juramentos o pactos realizados y a las maldiciones e iniquidades involucradas en el tercer grado de la masonería, o Maestro Masón, especialmente a las maldiciones en el estómago y en el área del vientre. Renuncio a las palabras secretas MAHA BONE, MACHABE-N, MACHBINNA y TUBAL CAIN, y a todo lo que representan y significan. Renuncio al espíritu de muerte al soplar en la cabeza, realizado como ritual de asesinato; renuncio al miedo a la muerte, al falso martirio, al miedo a ataques violentos de una pandilla, asalto, violación y a la impotencia experimentada en este grado. Renuncio a la caída en el ataúd o en la camilla, involucrados en este ritual de muerte. En el Nombre de Jesús renuncio a Hiram Abiff, el falso salvador de los masones revelado en este grado. Renuncio a la falsa resurrección de este grado, porque solo Jesucristo es la Resurrección y la Vida. También renuncio a besar la Biblia blasfemamente en el pacto de brujería. Rompo con todos los espíritus de muerte, brujería y engaño y en el Nombre de Jesús, oro por la sanidad del estómago, vesícula biliar, intestinos, hígado, el vientre y cualquier otro órgano afectado por la masonería. Pido que se liberen la compasión y el entendimiento sobre mí y mi familia.

GRADO DEL SANTO ARCO REAL

En el Nombre de Jesús, renuncio y rechazo todos los pactos realizados y a las maldiciones e iniquidades involucradas en el grado del Santo Arco Real de la Masonería, especialmente al juramento relacionado con retirar la cabeza del cuerpo y la exposición del cerebro a los rayos del sol. Renuncio a la logia de MARK (la marca) en forma de escuadras y a los ángeles que marcan a la persona de por vida. También rechazo la joya o talismán que fue hecha con este símbolo y se usó en las reuniones de la logia. Renuncio al falso nombre secreto de Dios JAHBULON, y afirmo total rechazo a toda adoración de los dioses paganos y falsos, BUL o BAAL, y ON u OSIRIS. Y también renuncio a la palabra clave, AMMI RUHAMAH, y a todo lo que representa o significa. Renuncio a la falsa comunión o eucaristía tomada en este grado, y a toda la burla, escepticismo e incredulidad sobre el trabajo redentor de Jesucristo en la cruz del calvario. Corto todas estas maldiciones y su efecto sobre mí y mi familia en el Nombre de Jesús y oro por la sanidad del cerebro, la mente y otras partes del sistema nervioso afectadas por estas maldiciones.

DÉCIMO OCTAVO GRADO

En el Nombre de Jesús, renuncio a los juramentos o pactos realizados y a las maldiciones e iniquidades involucradas en el décimo octavo grado de la masonería: "Más Sabio Supremo Caballero del Pelícano y del Águila," y "Príncipe Soberano Rosa Cruz del Heredom." Renuncio y rechazo el espíritu de brujería del pelícano, así como a la influencia ocultista de los Rosacruces y la kábbala de este grado. Renuncio al dicho de que la muerte de Jesucristo fue una "lamentable calamidad" y a la burla deliberada y la alteración o tergiversación de la doctrina cristiana de la expiación. Renuncio a la blasfemia y al rechazo de la divinidad de Jesucristo, y a las palabras secretas IGNE, NATURA, RENOVATUR, INTEGRA y su significado o quemadura. Renuncio a la burla de la comunión tomada en este grado, que incluye una galleta, sal y vino blanco.

TRIGÉSIMO GRADO

En el Nombre de Jesús, renuncio a todos los pactos o juramentos realizados y a las maldiciones involucradas en el trigésimo grado de la

masonería, "El Gran Elegido Caballero KADHOSH", Y el "Caballero del Águila Blanca y Negra" renuncio a la palabra clave STIBIU MALKABAR y a todo lo que significa.

TRIGÉSIMO PRIMER GRADO

En el Nombre de Jesús, renuncio a todos los pactos o juramentos realizados y a las maldiciones e iniquidades envueltas en el trigésimo primer grado de la Masonería, El Gran Comandante Inspector, Inquisidor. Renuncio a todos los dioses y diosas de Egipto que son honrados en este grado, incluyendo al 'ANUBIS' con la cabeza de un carnero, 'OSIRIS' el dios del sol, 'ISIS' la hermana y esposa de 'OSIRIS' y también diosa de la luna. Renuncio al Alma de 'CHERES', el falso símbolo de la inmortalidad, la cámara de la muerte y a la falsa enseñanza de la reencarnación.

TRIGÉSIMO SEGUNDO GRADO

En el Nombre de Jesús, renuncio a todos los juramentos y pactos realizados y a las maldiciones e iniquidades involucradas en el trigésimo segundo grado de la masonería, El Príncipe Sublime del Secreto Real. Renuncio a la palabra clave secreta, FAAL/FARASH-KOL y todo lo que significan. Renuncio a la falsa deidad trinitaria de la Masonería llamada AUM, y a sus partes, BRAHMA el creador, VISNÚ[32] el preservador y SHIVA el destructor, renuncio a la deidad de AHURA-MAZDA, el supuesto y llamado espíritu fuente de toda luz, y a la adoración con fuego, que es una abominación a Dios, y a beber de un cráneo humano en muchos ritos.

RITO DE YORK

En el Nombre de Jesús, renuncio a todos los pactos realizados y a las maldiciones envueltas en el Rito de York de la masonería, incluyendo: Maestro de MARK, el Maestro Pasado, El Más Excelente Maestro, Maestro Real, Maestro Selecto, Súper Excelente Maestro, las órdenes de la Cruz Roja, los Caballeros de Malta, los Caballeros Templarios y todos sus grados. Renuncio a las palabras secretas JOPPA, KEBRAIOTH y MAHER-SHALAL-HASH-BAZ y todo los que significan. Renuncio a los votos

32. Brahma, Vishnu y Shiva son deidades Hindúes.

tomados sobre un cráneo humano, las espadas cruzadas, y la maldición y deseo de muerte de Judas, de tener la cabeza cortada y que sea colocada en la cúspide de una iglesia. Renuncio a la comunión no santa y especialmente al beber de un cráneo humano en muchos ritos.

ALTARES O CAPILLAS (solamente en Norte América)

En el Nombre de Jesús, renuncio a todos los pactos o juramentos realizados y a las maldiciones e iniquidades envueltas en la orden ancestral Árabe de los nobles de la urna (altar, capilla) mística. Renuncio al punzamiento de los ojos con una espada de tres filos, al desollamiento del pie, a la locura, a la adoración al falso dios 'ALLAH' como dios de nuestros padres. Renuncio a la venda, la burla de colgar, la burla de decapitar, la burla de beber la sangre de la víctima, la burla del perro que orina al iniciado, y la ofrenda de orina como conmemoración.

TRIGÉSIMO TERCER GRADO

En el Nombre de Jesús, renuncio a todos los pactos o juramentos realizados y a las maldiciones envueltas en el trigésimo tercer grado de la masonería, el "Gran Soberano Inspector General." Renuncio a las palabras secretas DEMOLAY-HIRAM ABIFF, FEDERICO DE PRUSIA, MICHA, MACHA, BEALIM, Y ADONAI y todo lo que significan, renuncio a las obligaciones de cada grado Masónico, y a las penalidades involucradas. Renuncio al cable atado alrededor del cuello. Renuncio al deseo de muerte y a que el vino bebido en un cráneo humano se convierta en veneno, y que los brazos fríos del esqueleto sean invitados si este grado es violado. Renuncio a los tres asesinos infames y a su gran maestro: ley, propiedad y religión; su codicia y brujería involucrada en el intento de manipular y controlar al resto de la humanidad.

En el nombre del Dios Padre, Jesucristo el hijo y el Espíritu Santo, renuncio y rompo con las maldiciones involucradas en la idolatría, blasfemia, secreto y engaño de la masonería en todos los niveles e invoco la Sangre de Jesucristo para que lave todas las consecuencias de estas acciones de mi vida.

TODOS LOS OTROS GRADOS

En el Nombre de Jesús, renuncio a todos los demás pactos o juramentos realizados en los ritos de todos y cada uno de los diferentes grados y las maldiciones e iniquidades involucradas en estos. Renuncio a todas las otras logias, y sociedades secretas de la Masonería tales como: La Orden del Monitor Secreto, la Cruz Roja de Constantino, el Hall de los Príncipes, el Mormonismo, la Orden de AMARANTH, La Orden Real de los ODDFELLOWS, Búfalos, Druidas, Guardabosques o Forasteros, Leales Naranja, Alces, las logias de Alces y Águilas, el Ku Klux Klan, La Granja o Hacendarios, Los Hombres de Madera del Mundo, los Jinetes o Caballeros del Manto Rojo, Los Caballeros de PYTHIAS, La Orden Mística de los Profetas Velados del Reino Encantado, las Órdenes de Mujeres de la Estrella del Este, y de la Capilla Blanca de Jerusalén, las Órdenes de Chicas, de Hijas de la Estrella del Este, las Chicas del Triángulo, la Orden Internacional de las Hijas de Job y del Arco Iris. La orden de Chicos De Molay y sus efectos sobre mí y toda mi familia.

En el Nombre de Jesús, renuncio al ritual pagano del "Punto dentro del Círculo," con todas sus ataduras y a la adoración de 'falus'. Renuncio al símbolo "G" y a su oculto simbolismo pagano y sus ataduras. Renuncio al misticismo oculto del mosaico en el tablero blanco y negro de ajedrez, con el borde tallado y la estrella flameante de cinco puntas.

En el Nombre de Jesús, también renuncio y rechazo terminantemente al Gran Arquitecto del Universo, que en grados superiores se revela como Lucifer, y el falso dicho de ser la paternidad universal de Dios, y renuncio al falso dicho de que Lucifer sea la Estrella de la Mañana, y el más brillante, y declare que Jesucristo es la Estrella Brillante de la Mañana de Apocalipsis 22, 16.

En el Nombre de Jesús, renuncio al "Ojo que Todo lo Ve" de la masonería, o 'HORUS' en la frente, y a todo su simbolismo pagano y oculto. Ahora cierro ese tercer ojo y toda habilidad oculta de ver el reino espiritual, en el Nombre del Señor Jesucristo, y confío en el Espíritu Santo enviado por Jesucristo para todo lo que necesite saber sobre asuntos de la vida espiritual. Renuncio a la falsa comunión tomada, a toda la burla de la obra redentora de Jesucristo en la Cruz del Calvario, y a toda incredulidad, confusión y depresión. Renuncio y rechazo la mentira de la masonería que establece que el hombre no es pecador, sino solamente imperfecto, y que se puede redimir a sí mismo a través de solo las buenas obras. Sino como dice en la Biblia dice que soy también salvado a través de la gracia y la fe en Jesucristo, y en lo que Él logró en la Cruz del Calvario.

Renuncio y rechazo el miedo a la locura, angustia, deseos de muerte, y de suicidio, en el Nombre de Jesucristo. La muerte fue vencida por Jesucristo, y sólo Él tiene las llaves de la muerte y el infierno, y me regocijo de que Él tenga mi vida en sus manos ahora. El vino a darme vida abundante y eterna, y yo creo en sus promesas.

Renuncio a toda ira, odio, pensamiento asesino, venganza, revancha, apatía espiritual, religión falsa, toda incredulidad, especialmente incredulidad en la Biblia como la Palabra de Dios, y a toda mediocridad hacia la Palabra de Dios. Renuncio a toda búsqueda espiritual en religiones falsas. Descanso en el conocimiento de que he encontrado a mi Señor y Salvador Jesucristo, y que Él me ha encontrado a mí.

Señor Jesús, porque tú me quieres libre de todas las ataduras ocultas, me comprometo a quemar todos los objetos en mi posesión que me conecten a cualquier logia, u organizaciones ocultistas, como la masonería, la brujería y el mormonismo, y todas sus vestimentas, mandiles o delantales, libros de rituales, anillos, prendedores y cualquier otra pieza de joyería que haya sido parte de estos ritos. Renuncio a los efectos de estos y otros objetos de la masonería tales como: el compás, el cuadrado, el lazo y la venda, y todos los efectos que hayan tenido en mí o en mi familia, en el Nombre de Jesús.

Todos los participantes deben ahora ser invitados a llevar a cabo lo siguiente con sinceridad.

1. Simbólicamente me quito la venda de los ojos y renunciando a todo engaño, se la entregamos a Jesús para su destrucción.
2. De la misma forma, me quito el velo del luto y lamento lo ponemos a los pies de la cruz de Jesús para su destrucción.
3. Ahora, cortamos y quitamos simbólicamente el lazo de alrededor del cuello, lo quitamos de alrededor del cuerpo y lo ponemos a los pies de la cruz de Jesús para su destrucción.
4. Renuncio al falso pacto de matrimonio masónico, quitando del dedo anular de la mano derecha, el anillo del falso pacto de matrimonio y lo ponemos a los pies de la cruz de Jesús para su des-

trucción.

5. Simbólicamente quito las cadenas y ataduras de la masonería de todo mi cuerpo (incluyendo las de los tobillos) y renunciando a ellas las ponemos a los pies de la cruz de Jesús para su destrucción.

6. Simbólicamente quito todas las insignias y armadura de la masonería, especialmente el delantal y lo ponemos a los pies de la cruz de Jesús para su destrucción.

7. Me arrepiento y pido perdón por haber caminado en tierra no santa, incluyendo las logias y templos masónicos y otras organizaciones masónicas, mormonas y ocultistas y proclamo que:

"Satanás y sus demonios no tienen más derechos legales para desviarme de la verdad y manipularme, porque me he arrepentido y proclamo a Jesús como mi Señor, mi Salvador y la única fuente de verdad".

Espíritu Santo, te pido que me reveles cualquier otra cosa que necesito hacer o por la cual necesito orar, para que yo y mi familia podamos ser totalmente libres de las consecuencias y pecados de la Masonería, Hechicería, Mormonismo y Paganismo.

(Haga una pausa y para escuchar a Dios y seguir orando según el Espíritu Santo le guíe).

Renuncio a todo espíritu malvado, o inmundo, asociado con la masonería y brujería y todos los otros pecados, y les ordeno en el Nombre de Jesucristo, que satanás y todo espíritu inmundo sean atados salgan ahora mismo de mí y de los míos, sin tocar, ni lastimar a nadie, y que vayan al lugar destinado por el Señor Jesús, y que nunca regresen a mi o a mi familia.

Invoco el Nombre de Jesús para ser liberado de estos espíritus, de acuerdo con las promesas de la Palabra de Dios. Y pido la liberación de todo espíritu de enfermedad, dolencia, maldición, aflicción, adicción, o alergia asociada con todos estos pecados confesados y renunciados.

Ahora amado Dios Padre, te pido humildemente que la sangre de Jesucristo, tu Hijo y mi Salvador me limpie de todos estos pecados que he confesado y renunciado, que limpie mi espíritu, mi alma, mi mente, mis emociones y cada parte de mi cuerpo que haya sido afectada por

estos pecados, en el Nombre de Jesús lo pido. También le ordeno a cada célula de mi cuerpo que entre en orden divino en este momento para ser sanadas y estar completas como fueron diseñadas por mi amoroso Creador, incluyendo la restauración de todos los desequilibrios químicos y las funciones neurológicas, controlando toda célula cancerosa, y revirtiendo todas las enfermedades degenerativas, en el Nombre del Señor Jesucristo.

Me rindo al Espíritu Santo de Dios y nunca más a cualquier otro espíritu en todas las áreas y lugares de mi vida donde han estado estos pecados. Te pido, Señor que derrames sobre mi tu Santo Espíritu, en este momento, lléname de nuevo con tu Santo Espíritu de acuerdo con las promesas en tu Palabra. Me revisto de la armadura de Dios de acuerdo con Efesios capítulo Seis y me regocijo en su protección, a medida que Jesús me rodea, y me llena de su Espíritu Santo. Te entrono Señor Jesucristo, en mi corazón, porque eres mi Señor y mi Salvador, y la fuente de la vida eterna. Gracias Dios Padre por tu misericordia, tu perdón y tu amor. En el Nombre de Jesucristo, El Señor de señores. Amén.

NOTA: Los Cristianos deben orar por los Masones sin juzgarlos. Deben traer sus pecados a Dios con una actitud de amor, pidiendo al Padre su misericordia, atando en el Nombre de Jesús los espíritus de engaño, anticristo, hechicería y de muerte. La mayoría de los hombres no tienen idea del engaño espiritual en el cual entraron. Recuerda que *"Nuestra lucha no es contra carne y sangre (tus seres queridos) sino, contra principados, potestades, gobernantes de las tinieblas de este mundo y huestes espirituales en los lugares altos"* (Efesios 6, 12).

Fuente: Esta información está tomada del libro **Desenmascarando a la Masonería – Quitándose la venda de Hoodwink, (Unmasking Freemasonry – Removing the Hoodwink),** por el Dr. Selwyn Stevens, y publicado por Jubilee Resources, PO Box 36-044, Wellington 6330, Nueva Zelanda. (ISBN 1877203-48-3). La distribución de esta oración está permitida y de hecho lo promovemos siempre y cuando se haga con el debido cuidado pastoral y espiritual.

PARA CONFERENCIAS, TALLERES,
PEDIDOS O COMENTARIOS
FAVOR DE CONTACTARME:

José Juan Valdez, MA.
Tel: 281-748-0851
valdeus77@gmail.com
www.paulus.media

Made in the USA
Monee, IL
03 March 2025

13149929R00103